Política
Internacional
Contemporânea

Análise de Política Externa • Haroldo Ramanzini Júnior e Rogério de Souza Farias
Direito das Relações Internacionais • Márcio P. P. Garcia
Direitos Humanos e Relações Internacionais • Isabela Garbin
Economia Política Global • Niels Soendergaard
Introdução às Relações Internacionais • Darielly Ramos
Organizações e Instituições Internacionais • Ana Flávia Barros-Platiau e Niels Soendergaard
Política Internacional Contemporânea • Thiago Gehre Galvão
Teoria das Relações Internacionais • Feliciano de Sá Guimarães

Proibida a reprodução total ou parcial em qualquer mídia
sem a autorização escrita da editora.
Os infratores estão sujeitos às penas da lei.

A Editora não é responsável pelo conteúdo deste livro.
O Autor conhece os fatos narrados, pelos quais é responsável,
assim como se responsabiliza pelos juízos emitidos.

Consulte nosso catálogo completo e últimos lançamentos em **www.editoracontexto.com.br**.

Política Internacional Contemporânea

Thiago Gehre Galvão

Coordenador da coleção
Antônio Carlos Lessa

Copyright © 2022 do Autor

Todos os direitos desta edição reservados à
Editora Contexto (Editora Pinsky Ltda.)

Montagem de capa e diagramação
Gustavo S. Vilas Boas

Preparação de textos
Lilian Aquino

Revisão
Bia Mendes

Dados Internacionais de Catalogação na Publicação (CIP)

Galvão, Thiago Gehre
Política Internacional Contemporânea / Thiago Gehre Galvão. –
São Paulo : Contexto, 2022.
128 p. (Coleção Relações internacionais /
coordenador Antônio Carlos Lessa)

Bibliografia
ISBN 978-65-5541-170-6

1. Relações internacionais 2. Política internacional
I. Título II. Lessa, Antônio Carlos III. Série

22-1378   CDD 327.2

Angélica Ilacqua – Bibliotecária – CRB-8/7057

Índice para catálogo sistemático:
1. Relações internacionais

2022

Editora Contexto
Diretor editorial: *Jaime Pinsky*

Rua Dr. José Elias, 520 – Alto da Lapa
05083-030 – São Paulo – SP
PABX: (11) 3832 5838
contexto@editoracontexto.com.br
www.editoracontexto.com.br

Sumário

INTRODUÇÃO 7

SOCIEDADE GLOBAL NO SÉCULO XXI 11
    Caracterizando a sociedade global 11
    Análise de temas da política internacional 27

POLÍTICA AMBIENTAL GLOBAL 39
    Concepções sobre a política ambiental global 40
    Breve história da política ambiental global 46
    Desafios e narrativas da política ambiental global 54

POPULAÇÕES E DESENVOLVIMENTO GLOBAL 63
    As bases da agenda de populações e desenvolvimento global 63
    Institucionalização da agenda de população e desenvolvimento 71
    A transição do paradigma dos ODM para os ODS 77
    Concepções de desenvolvimento 81

TEMAS EMERGENTES DE POLÍTICA INTERNACIONAL..................85
    Identidades e interseccionalidade na política internacional...............85
    Sexualidades na política internacional..................90
    Raça, racismo e Relações Internacionais..................94
    O lugar dos povos indígenas e comunidades tradicionais (PICT)..........103
    Política visual e emoções na sociedade global..................111

CONCLUSÃO..................117

SUGESTÕES DE LEITURA..................119

BIBLIOGRAFIA..................123

AGRADECIMENTOS..................125

O AUTOR..................127

Introdução

Esta obra tem como objetivo atualizar o debate sobre a política internacional contemporânea, servindo de material didático básico para cursos de Relações Internacionais (RI), Economia, Ciência Política, História, Direito, Sociologia, Antropologia, Gestão de Políticas Públicas, dentre outros, bem como para cursos preparatórios de concurso público da carreira de gestão e da diplomacia. Apresenta de maneira simplificada, objetiva e atrativa as principais tendências da política internacional contemporânea, procurando estabelecer uma abordagem interdisciplinar ancorada em aportes teóricos e metodológicos e focada na transmissão de conhecimento para a formação nos níveis de graduação, pós-graduação, técnico-profissionalizante e preparatório de concurso.

A obra está definida em eixos prioritários da política internacional contemporânea como mutações nas concepções de poder, limites planetários e mudanças climáticas, condições de resiliência atreladas aos Estados, cidades e sociedades, mecanismos de funcionamento da sociedade internacional e de governação da ordem global no século XXI. Em cada capítulo, um conjunto de conceitos-chave apoia a compreensão dos eixos fundamentais; uma breve história dos temas cria o contexto de entendimento que conecta passado, presente e futuro da política internacional; e são apresentados os debates mais atuais sobre dilemas e problemas envolvidos com os temas centrais.

Para tanto, esta obra está dividida em quatro capítulos. No capítulo "Sociedade global no século XXI", são apresentados conceitos básicos como sociedade internacional, ordem, governança, regime internacional, normas e valores globais. Uma breve história de constituição da sociedade global coloca ênfase no período após a Segunda Guerra Mundial, com foco nas principais tensões e turbulências que marcaram os anos 1990 e 2000, como as crises econômica, migratória e de saúde global. Os principais debates sobre algumas áreas, tais como terrorismo e violências, o uso do segredo e da mentira no âmbito da sociedade da informação e lugares estratégicos como Ártico, Antártica e espaço exterior, auxiliam na compreensão da complexidade da política internacional nos dias de hoje.

No capítulo "Política ambiental global", são desenvolvidos temas como sustentabilidade, desenvolvimento sustentável, cidades sustentáveis, antropoceno, limites planetários, resiliência, riscos extremos e existenciais. Uma breve história da agenda ambiental global permite compreender como dinâmicas e processos do passado encontram ecos e continuidades no tempo presente e suscitam reflexões sobre o futuro da humanidade. Em seguida, os principais debates da política ambiental global convidam os/as leitores/as a compreender desafios e oportunidades nos estudos de política internacional pela ótica da sustentabilidade e do meio ambiente.

No capítulo "Populações e desenvolvimento global", busca-se apresentar as origens intelectuais dos debates sobre marcadores populacionais e sua interface com a ideia de desenvolvimento, da tese da tragédia dos comuns aos comuns globais. Uma breve história percorre as principais conferências internacionais de População e Desenvolvimento, debatendo exemplos específicos como os países Brics, as tratativas regionais latino-americanas, até alcançar a Agenda 2030 e os Objetivos de Desenvolvimento Sustentável. O capítulo finaliza com os debates mais atuais das principais concepções sobre desenvolvimento global e a interface com populações, sustentabilidade, ajuda ao desenvolvimento, cooperação internacional para o desenvolvimento e direitos humanos.

No capítulo "Temas emergentes de Política Internacional", foram selecionadas questões que, de alguma forma ou em algum grau, têm sido invisibilizadas ou marginalizadas nos estudos de RI. Os temas são emergentes não apenas pela sua novidade – caráter nem sempre tão fácil de se discernir –, mas também pela sua capacidade de evidenciar uma faceta verdadeiramente global às RI, que não apenas traduzam e reifiquem ideias, conceitos e teorias, mas que abram espaço para o pensar desde uma epistemologia do Sul. Destacamos os debates sobre identidades e interseccionalidades; raça e racismo; povos indígenas e comunidades tradicionais; política visual global e emoções.

Sociedade global no século XXI

CARACTERIZANDO A SOCIEDADE GLOBAL

A política internacional, neste livro, se refere às dinâmicas de governança que animam a sociedade global e definem padrões de comportamento de Estados, Organizações Internacionais e atores não estatais em muitas áreas interconectadas, como comércio, segurança, meio ambiente, desenvolvimento e tecnologia. Nessa perspectiva, uma das características mais relevantes da sociedade global refere-se a estruturas e processos resultantes da anarquia internacional, ou seja, da ausência de um poder superior aos Estados capaz de organizar as relações internacionais. Um dos focos prioritários é compreender o papel de grandes potências tradicionais como Estados Unidos (EUA), China e Rússia, blocos regionais como a União Europeia, e suas relações com outras potências, organizações não governamentais, empresas e atores violentos não estatais.

Outra característica relevante diz respeito à construção de uma agenda global relacionada a uma miríade de temas críticos como questões de erradicação da pobreza, combate à fome, saúde global, acesso à água e energia, mudanças climáticas e produção e consumo sustentáveis. Por outro lado, o estudo da sociedade global demanda questionamentos à ordem ocidentalista estabelecida, tanto em termos de críticas à tradicional dominação cultural do Ocidente como à institucionalização de arranjos hegemônicos que se perpetuam desde a reorganização da arquitetura política, monetária e financeira após a Segunda Guerra Mundial.

Uma das marcas registradas da sociedade global refere-se às instabilidades da ordem. Em detrimento de uma ordem pacífica, vivenciamos o recrudescimento do uso da força e da violência em diferentes regiões do planeta. Testemunhamos os insucessos de modelos democráticos no berço da democracia moderna como nos EUA, bem como os erros flagrantes na exportação democrática – por meio de intervenções ditas humanitárias e missões de construção e manutenção da paz – na esteira de avanços conservadores. Os riscos à segurança internacional, muito noticiados após o colapso da União Soviética e o fim da Guerra Fria, em torno de uma possível proliferação nuclear do centro para as regiões periféricas, juntamente a uma pretensa capacitação em armas químicas e bacteriológicas por grupos considerados terroristas, repovoaram o imaginário coletivo sobre a política internacional.

O papel do Estado continua relevante para a compreensão da sociedade global. Por um lado, os Estados são responsáveis por formar organizações e regime; por outro, atuam direta e indiretamente nos processos de governança planetária. Logo, a qualidade da ordem na sociedade global depende da interação entre três tipos de atores estatais: Estados fortes, com economia forte e instituições confiáveis; Estados fracos, de economia vacilante e instituições vulneráveis; e Estados falidos, marcados pela corrupção, violência e rupturas institucionais. São caracterizações conceituais que procuram simplificar diferentes tipos de interação (conflito, rivalidade, competição, submissão), sem necessariamente explicar a completude da política internacional.

O poder é central para a política internacional, definido como a capacidade de influenciar outros atores e controlar resultados. Por sua natureza, o poder é multidimensional, podendo se desdobrar em relações tradicionais, que abrangem a capacidade militar, caracterizada a partir do uso da força; a econômica, que rege as relações de riqueza e prosperidade; e a estrutural, capaz de moldar o sistema.

Concomitantemente, uma outra forma de visualizar o poder recai em perspectivas específicas: a manipulação da opinião, a partir da formulação de ideias por meio de propagandas; a relacional, que guia a condução de relações e estruturas; o *hard power*, que comanda e controla; o *soft power*, que coopta e aquiesce; o *smart power*, que utiliza de maneira inteligente os demais tipos de poder; e o *sharp power*, que perfura sistemas democráticos a partir da projeção do autoritarismo, buscando blindar-se contra a democracia e o liberalismo.

Outrossim, também caracteriza a sociedade global o fato de ir além da competição entre as grandes potências e da política de poder dos países desenvolvidos, abrindo espaço para os movimentos e interesses dos países em desenvolvimento e menos desenvolvidos, em condição de protagonismo e de centralidade. Por isso, um dos processos relevantes se refere à democratização das instituições internacionais, criando estruturas de negociação mais inclusivas e participativas aos países considerados periféricos ou em desenvolvimento. Na medida em que países e organizações passam intencionalmente a identificar valores e interesses comuns, assim como estabelecendo princípios de governança e regras compartilhadas como parte de sua interação internacional, percebe-se que a política internacional passa a ocorrer em um contexto de sociedade global. De fato, a globalização cria as condições históricas de diversificação e descentralização da política internacional no século XXI e afeta as bases de estabilidade e paz da sociedade global.

O exercício do poder pelos Estados tem no conflito o último recurso. Antes, contudo, os caminhos são os da diplomacia. A partir disso, o papel dos meios diplomáticos torna-se basilar para entender a forma pela qual a política internacional é construída. Como caminhos diplomáticos factíveis, existem as discussões oficiais envolvendo líderes políticos e militares de alto nível, com foco em processos de cessar-fogo, negociações de paz, tratados e outros acordos; o diálogo não oficial faz parte deste conjunto de ações voltadas à resolução de conflitos, auxiliando na mudança de visões sobre relacionamentos conflitivos e encorajando a resolução pacífica de contendas; e a diplomacia pessoa a pessoa, realizada por indivíduos e grupos privados para incentivar a interação e a compreensão entre as comunidades hostis, envolvendo ações de sensibilização e capacitação dentro delas.

Enquanto o diálogo não oficial normalmente envolve atividades acadêmicas influentes em conjunto com a atuação de líderes de organizações religiosas e atores da sociedade civil, interagindo mais livremente do que funcionários de alto escalão, a diplomacia pessoa a pessoa normalmente envolve a organização de reuniões e participação em conferências, produção de pautas para exposição na mídia e criação de movimentos de ativismo. Há ainda a possibilidade de coordenação de ações entre atores oficiais e não oficiais que trabalham juntos para resolverem conflitos por fora dos canais convencionais.

Logo, uma diplomacia multifacetada possibilitaria que Estados operassem em várias faixas simultaneamente, incluindo os esforços oficiais e não oficiais de resolução de conflitos, cidadãos e intercâmbios científicos; negociações comerciais internacionais, atividades culturais e esportivas internacionais e outros esforços de cooperação; e os esforços liderados por governos, organizações profissionais, empresas, igrejas, meios de comunicação, instituições de ensino, ativistas e financistas.

Sobre a ordem na sociedade global

A partir dessa caracterização da sociedade global, passamos a compreender a ordem como sendo o instrumento de organização da vida internacional em torno de regimes e nichos específicos de atuação dos arranjos sociais (sistêmicos-estatais-burocráticos-individuais). De fato, a ordem internacional se desdobra em ordens temáticas (econômica, cultural, climático-ambiental, política, de segurança, dentre outras) e regionais, que têm um escopo geopolítico bem definido em torno de aspectos identitários próprios (idioma, cultura, poder e contexto histórico). As ordens regionais são ancoradas em uma história comum (valores, objetivos e visão), de modo que a ordem local também possui temporalidade específica, com dinâmicas trans (estatais, fronteiriças, históricas). Essa complexa sobreposição de ordens (internacional, regional, nacional e local) constitui um dos maiores desafios às dinâmicas cooperativas da política internacional.

Além disso, a ordem internacional é constituída por pressupostos morais e valores que ancoram a atuação dos agentes, tornando central a análise das Relações Internacionais a partir de processos relacionados aos indivíduos. Guiada fortemente por características psicológicas, que interferem nos aspectos racionais da condução e da tomada de decisões, a ordem internacional recai em última instância sobre a interface dos indivíduos com outras estruturas, como Estados e organizações.

A globalização é uma das principais forças das RI capazes de estabelecer parâmetros históricos – fluidos e adaptáveis – de organização, no espaço e no tempo, das relações sociais, políticas, econômicas e culturais. Como fenômeno multidimensional, adquire vida na política internacional por meio de manifestações financeiras (crescente volume e velocidade de fluxos de recursos), comerciais (padronização da demanda e oferta de produtos), de produção (convergência das características do processo produtivo), de consumo (homogeneização das aspirações e desejos), institucional (cristalização de semelhanças processuais) e cultural (fluxos globais de ideias). Com isso, a globalização estabelece as chamadas cadeias globais e regionais de valor.

Ademais, a globalização carrega certa ambivalência de organizar e desorganizar a sociedade global, resultando em processos quase antagônicos. Ao impulsionar a internacionalização crescente dos circuitos produtivos e sistemas financeiros, pode gerar especulação financeira e crises sistêmicas; ao produzir ganhos crescentes em escala, pode aprofundar desigualdades; ao uniformizar técnicas e padrões, pode induzir à esterilidade criativa e apagamentos de tecnologias locais; ao produzir novas tecnologias em processos produtivos, afeta as condições do trabalho e de trabalhadores; ao possibilitar empreendimentos globais, permite a concentração do poder em oligopólios mundiais; ao promover desenvolvimento pelo crescimento, leva a efeitos nefastos sobre o meio ambiente.

Quando essas forças globalizantes aterrissam em regiões marcadas por blocos econômico-produtivos entre países, cria-se uma tensão essencial com as forças da regionalização. Assim, a regionalização dos países também procura gerar outro nível de ordem, pelo aumento do controle de grupos de Estados sobre os efeitos da globalização, tais como, a substituição das vantagens nacionais pela consideração regional, a construção de uma identidade regional e o estabelecimento de relacionamentos intra e interblocos.

Outro fenômeno formador da ordem na política internacional é a territorialidade. Na essência das RI, permanecem como relevantes os debates sobre conceitos como soberania e autodeterminação, que se ligam justamente aos territórios dos Estados e daqueles povos que lutam por terem seus direitos a um território reconhecido. Ao mesmo tempo, a crescente permeabilidade das fronteiras nacionais, a mobilidade crescente de pessoas e do capital, a atuação capilarizada de organizações e empresas, bem como a disseminação e hibridização de culturas, geram uma espécie de dissolução dos elos entre território e identidade. Assim, a ressignificação de espaços, paisagens, lugares e seus habitantes alimenta processos de desterritorialização e reterritorialização, fazendo com que pessoas e grupos populacionais inteiros tenham suas raízes moldadas pelas disputas e conflitos relacionados à terra.

Por sua vez, a junção de forças da globalização, regionalização e territorialização amplificariam as redes mundiais de interdependência e conectariam os temas da agenda nacional e internacional como alterações climáticas, instabilidade financeira e permeabilidade das fronteiras às forças transnacionais, como deslocamentos populacionais e fluxos migratórios, ilícitos transnacionais e propagação de doenças infecciosas.

Outras duas forças têm sido relevantes para a ordem na política internacional. Desenvolvimento e direitos humanos se cruzam a partir de laços de normatividade (princípios, normas, leis e regras); intervenções humanitárias (direito de ingerência); responsabilidade ("de proteger" e "ao proteger"); agendas globais guiadas por lemas generalizadores ("não deixar ninguém para trás"); institucionalidades de proteção de direitos, como na atuação do Tribunal Penal Internacional, tribunais *ad hoc* (Iugoslávia e Ruanda), e Cortes regionais de direitos humanos (Interamericana e Europeia); e os impulsos via organizações não governamentais (ONGs) e opinião pública, operando em espaços globais como o Fórum Político de Alto Nível para o Desenvolvimento Sustentável.

Outra interveniência da ordem internacional no século XXI se refere à constituição de uma sociedade da informação. Esse processo de informatização da política internacional é histórico e remonta ao momento de criação da prensa como modo difusor da informação, avanços renascentistas nas artes liberais (lógica, gramática, retórica, aritmética, música, geometria e astronomia) e os achados iluministas, da enciclopédia e da ciência moderna, até o advento do computador e da internet no século XX.

A sociedade global vem navegando na revolução do paradigma da tecnologia da informação e estabelecendo novas relações entre tempo e espaço e entre trabalho, imaterialidade e instantaneidade; relativização das distâncias. As múltiplas manifestações ocorrem no âmbito da inteligência artificial, robótica, internet das coisas, veículos autônomos, impressão 3D, nanotecnologia, biotecnologia e computação quântica. De fato, a ordem na política internacional é afetada pelas acelerações relacionadas às práticas, rotinas e modos de vida associados ao ciberespaço como *e-commerce*, cibercrimes, ciberterrorismo. A sociedade global é marcada pela fragmentação e precarização do trabalho, tanto quanto pelas novas formas de riscos e ameaças virtuais.

Mais ainda, a principal estrutura que hierarquiza funções e tarefas na sociedade global, gerando ordem, é o Sistema das Nações Unidas e a Carta das Nações Unidas, que contêm os princípios e valores a serem perseguidos pelos países. A missão foi definida em termos de assegurar o respeito pelos direitos humanos, a promoção da paz e do desenvolvimento. Com isso, seria possível resgatar a esperança como um sentimento mundial, cabendo à ONU priorizar a gestão da maioria dos assuntos do globo, assumindo legitimidade para atuar tanto na construção da paz como na defesa dos direitos humanos.

A organização delibera sobre temáticas e estrutura suas ações a partir de diálogos em um fórum exclusivo de cinco países permanentes e dez membros rotativos em um Conselho de Segurança das Nações Unidas (CSNU). Nesse sistema, países possuem mandatos para debater e decidir sobre a solução pacífica de controvérsias, atuações relacionadas a ameaças à paz, ruptura da paz e atos de agressão, além de acordos globais e regionais. No século XXI, o CSNU teve suas tarefas expandidas com perspectivas de dirigir uma nova geração de operações de manutenção da paz, assistência eleitoral, monitoramento dos direitos humanos e atividades de verificação de armas. Além da autorização de uso da força militar em contextos específicos, o Conselho pode invocar duas outras medidas coercitivas: sanções econômicas e acusação criminal internacional; como em casos de genocídio e outros crimes contra a humanidade, estabelecendo instâncias de responsabilização individual.

A institucionalização da sociedade global

O processo de institucionalização da sociedade global vai além do CSNU. Cabe destacar as Instituições Internacionais (II), que podem ser arranjos formais ou informais, tanto intergovernamentais, interagências, interempresariais, como também resultantes de tratados promulgados por governos; além de arranjos entre atores não governamentais, organizações sociais e/ou políticas com capacidade de agir de forma independente (ainda que possam sofrer bastante influência de governos nacionais).

Dentre as II, destaque para as Organizações Internacionais (OI), que possuem personalidade jurídica, ou seja, o reconhecimento internacional para agir além dos interesses de seus membros fundadores, consoante missão, objetivos e funcionalidades. Desse modo, as OI participam da institucionalidade internacional na construção de capacidades materiais e imateriais direcionadas a administrar a ordem na sociedade global.

As II constituem-se pela conformação de uma identidade internacional própria, ao mesmo tempo que sua atuação e interesses moldam sua identidade no tempo. Nesse caso, destacamos a existência de OI que são inclusivas, abertas a novas adesões e que buscam adensar seu quadro formador, e exclusivas, como alianças militares, que são fechadas e restritivas, pela imposição de critérios ideológicos, políticos, econômicos e culturais.

Os caminhos de formação das OI podem ser via intergovernamentalidade, como arranjo multilateral entre governos para se avançar em determinadas áreas da política internacional; e supranacionalidade, com o estabelecimento de uma entidade com poder superior aos Estados, implicando uma cessão relevante de soberania em determinadas áreas. Os efeitos sobre a soberania seriam ao mesmo tempo negativos (perda de autonomia e poder) e positivos (integração regional e cooperação).

Dentre as principais funcionalidades das OI perante a ordem internacional, destacamos: dar assistência em ações conjuntas, aceitar e implementar decisões de instâncias multilaterais, acatar recomendações e concluir acordos. Sendo uma associação permanente de Estados, com órgãos técnicos e executores da sua missão e objetivos, logra-se estabelecer uma distinção legal de poderes entre a instituição e os membros, mantendo seu poder e capacidade de atuar internacionalmente.

Sob a ótica da personalidade jurídica, essas organizações constituem-se como entidade com poderes, direitos, deveres e responsabilidades, tendo capacidade particular de assinar tratados (como o acordo quadro Mercosul-UE). Além disso, são capazes de gerar privilégios, imunidades e proteção funcional; realizar missões; expor demandas internacionais (contra membros e não membros); responsabilizar atores de acordo com a jurisdição internacional; assumir responsabilidades (segurança, estabilidade e uso da força); administrar territórios (operações de paz e *safe havens*); e reconhecer Estados. Dentre suas principais competências, destacamos as normativas, como estabelecimento de convenções, regulamentos e recomendações; as operacionais (ajuda técnica e cooperação econômica e financeira); as impositivas (missões e operações de paz); de controle (territórios e recursos – situações de conflito e pós-conflito).

O contexto desafiador que vivenciamos, de conjunção das crises econômica, climática e de saúde global, intensifica a busca por maior cooperação e concertação entre os países, o que cria tanto um ambiente propício de atuação de instituições internacionais, como da necessidade de termos as ferramentas analíticas para sua compreensão.

Internacionalização e internalização de normas

A sociedade global se fundamenta na conexão entre internalização e internacionalização de normas, práticas e hábitos, o que materializa as múltiplas ligações entre problemas locais e debates globais. Nesse caso, o fluxo internalização-internacionalização se refere a processos nos quais governos e organizações da sociedade civil politizam determinados assuntos, considerados problemáticos, levando para os fóruns internacionais e abrindo processos negociadores naquele nicho específico. Esse enquadramento se repete quase que indefinidamente na política internacional, gerando uma teia complexa de assuntos que se ligam ou por similaridades temáticas ou pelos interesses dos atores envolvidos no processo negociador. Por exemplo, os problemas populacionais e de desenvolvimento produziram um marcador internacional conhecido como Plano de Ação do Cairo (1994), enquanto questões de direitos humanos e da situação das mulheres e meninas foram organizadas em torno da chamada Plataforma de Beijing (1995). Nesses dois exemplos, notamos que países do Norte e do Sul globais, guardadas suas especificidades, compartilhavam problemas domésticos relacionados à migração e às dinâmicas populacionais, ou à saúde reprodutiva de grupos de mulheres jovens e adultas vivendo com HIV/aids.

Do processo negociador se estabelecem normas internacionais que passam a orientar as políticas públicas dos países comprometidos, mas que nem sempre são um processo automático. As regras e os procedimentos internacionais são promovidos tanto pelas autoridades governamentais como por redes de ativismo que tendem a pressionar governos sobre a relevância de estabelecer políticas públicas alinhadas àquelas normas internacionais. Essa difusão ganha vida em campanhas, comunicações, audiências públicas em parlamentos nacionais e subnacionais, em ações educativas e diálogos com as principais burocracias e empresas interessadas. A partir daí avança-se na etapa de institucionalização, que se refere tanto à incorporação de ideias e valores por parte dos agentes da sociedade como na replicabilidade das normas e procedimentos internacionais por meio de legislações específicas, oficinas especializadas de disseminação de informações e criação de instâncias particulares como conselhos e comissões.

Como parte desse fluxo de internacionalização-internalização, enfrentam-se disputas entre diferentes grupos que tendem a moldar as normas globais aos seus interesses nacionais e locais, estabelecendo as bases para a adaptabilidade da estrutura local às propostas forjadas no debate global. Enfim, a internalização de normas globais se completa quando ocorre a formatação de políticas públicas especificamente desenhadas com base nas propostas negociadas internacionalmente. Por exemplo, na Europa o debate sobre *Europeanization* (europeização) e na América do Sul sobre a *mercosulização* guiaram esse fluxo de internacionalização-internalização de normas e procedimentos em diferentes segmentos das suas sociedades.

Esse processo de internalização de normas internacionais conta com o engajamento das organizações internacionais e da sociedade civil. Por exemplo, a Organização Internacional do Trabalho (OIT) tem apoiado pautas relacionadas aos direitos e princípios fundamentais no trabalho, tais como a liberdade sindical e o reconhecimento efetivo do direito de negociação coletiva, a eliminação de todas as formas de trabalho forçado; a abolição efetiva do trabalho infantil e a eliminação de todas as formas de discriminação em matéria de emprego e ocupação, com a promoção do emprego produtivo e de qualidade, a extensão da proteção social e o fortalecimento do diálogo social. Por outro lado, na área de segurança, a Agência Internacional de Energia Atômica (AIEA) tem por base o seu programa de átomos direcionado para a paz e a preocupação com salvaguardas para os componentes do processo de desenvolvimento nuclear, bem como o monitoramento da produção e armazenamento de elementos como o urânio enriquecido (U-235) e o plutônio.

As II adquirem concretude ao conectarem debates globais e regionais com demandas locais. A Organização Mundial da Saúde (OMS) lidera a luta contra pandemias e doenças negligenciadas; a Organização Mundial de Migrações (OMM), o Alto Comissariado das Nações Unidas para Refugiados (ACNUR) e o Fundo de Populações das Nações Unidas (UNFPA, na sigla em inglês) têm coordenado ações de monitoramento dos fluxos migratórios, apoio a governos na proteção aos migrantes e refugiados, com atenção aos grupos mais vulnerabilizados, como mulheres e meninas; a Organização dos Estados Americanos (OEA) e a Organização Pan-Americana de Saúde (OPAS) auxiliam governos por meio de assistência técnica e implementação de projetos nacionais; alianças internacionais como G-77, G-20, Fórum de Diálogo Índia-Brasil-África do Sul (Ibas) e Brics abrem espaço para a reestruturação da ordem internacional; agências internacionais como Agência Internacional de Aviação Civil (AIAC) e Agência Internacional de Energia (AIE) disciplinam normas e regras para atuação dos Estados nas RI; espaços de governação são estabelecidos em fóruns, painéis e conferências, como o Fórum Econômico Mundial (Davos), o Painel Intergovernamental sobre Mudanças Climáticas (IPCC) e as Conferências das Partes (COP) nas discussões sobre mudanças climáticas. Da mesma forma, a institucionalidade internacional tem relação direta com avanços e recuos dos processos de integração regional, tais como a Organização de Cooperação Econômica Ásia-Pacífico (Apec), o Tratado Norte-Americano de Livre-Comércio (Nafta), o Mercosul, a União Europeia (EU), a União de Nações Sul-Americanas (Unasul) e União Africana.

De fato, as instituições funcionam como "camaleões" na política internacional, com distintos processos históricos de formação, com amplo espectro de atuação (miríade de temas e preocupações) e diferentes níveis de institucionalização. Partindo de contextos históricos específicos, definições políticas e formulações teóricas e conceituais, cada instituição se adapta e desempenha sua função a partir de seu objeto de atuação e de sua finalidade.

Por exemplo, o G-20 é considerado uma organização emblemática do poder econômico global, reunindo ministros da Economia e presidentes de Bancos Centrais de 19 países e da União Europeia. Já o G-77, criado em 15 de junho de 1964 por 77 países, tornou-se a maior organização intergovernamental composta de 134 países em desenvolvimento, criando os meios para os países do Sul global articular interesses e ampliar sua capacidade de negociação.

Similarmente, a atuação das instituições parte de uma tendência de envolvimento no máximo de temas possíveis, com características relevantes de durabilidade ou resiliência, principalmente diante de contextos adversos e em transformação, também sofrendo influência de fatores como a capacidade de se adaptar aos novos temas e responder a novos desafios. Na base desse quadro encontra-se a cooperação como um conjunto articulado de interações envolvendo múltiplas partes, com o objetivo de tratar e superar problemas e dilemas que seriam difíceis de lidar individualmente. A cooperação está ancorada na busca por ganhos absolutos e relativos: na manutenção e ampliação do poder e influência de uma das partes sobre a outra; e no fortalecimento de laços de interdependência (econômica, política e estratégica) daquela relação em função da distribuição do poder no sistema internacional.

A história das RI mostra, contudo, que alguns desvios de comportamento foram sendo naturalizados na trajetória da cooperação internacional. O primeiro se refere à ideia de *shadow of the future*, ou as incertezas quanto ao comportamento dos atores no médio e longo prazo e as dificuldades de se manter o foco nas relações cooperativas e na reciprocidade. O segundo seria o *free riding*, ou a tendência dos atores de seguirem os atalhos criados por outros atores, bem como a adoção de atitudes pouco comprometidas e responsáveis com a ordem e seus pilares. Por fim, o terceiro diz respeito à assimetria de poder. De fato, quanto maior a assimetria na relação de poder, maior será a desigualdade na distribuição de ganhos.

Assim, as instituições funcionam como uma caixa de ressonância capaz de ampliar os prospectos da cooperação. Particularmente, ao fortalecer a circulação de informações de qualidade e ao reduzir os custos de transação – que antes recairiam sobre os Estados individualmente –, aumentam-se as chances de reciprocidade, que tenderiam a ser difusas se fossem relegadas às decisões individuais dos Estados, influenciando a construção de normas internacionais.

Regimes internacionais

Outra dimensão estruturante da sociedade global é a dos regimes internacionais. Segundo texto basilar de Stephen D. Krasner, "Structural Causes and Regime Consequences: Regimes as Intervening Variables" (1982), os regimes internacionais podem ser definidos como conjuntos de princípios, normas, regras e procedimentos de tomada de decisão (implícitos ou explícitos) em torno dos quais as expectativas dos atores convergem em uma determinada área das Relações Internacionais.

Os princípios são crenças de fato, de causalidade e de retidão (ético-moral); as normas são padrões de comportamento definidos em termos de direitos e obrigações; regras são prescrições ou proibições de ações específicas; procedimentos de tomada de decisão são as práticas em vigor para tomar e implementar escolha coletiva; expectativas são alimentadas por percepções e visões de mundo acerca do presente-futuro.

Na política internacional, os regimes são como buracos negros: ainda que não consigamos vê-los, é possível perceber os seus efeitos na ordem internacional, ao funcionarem como variáveis intervenientes entre fatores causais (um conflito localizado e um fluxo migratório exacerbado) e comportamentos resultantes (decisão de intervir em um contexto de crise humanitária). Os regimes internacionais são mais do que arranjos transitórios, pois produzem efeitos permanentes, como facilitar acordos (formação de mercados comuns), forjar cálculos de longo prazo (incentivar a não proliferação nuclear), induzir comportamentos (tratamento adequado do resíduo sólido) e propagar princípios globalmente (reciprocidade diplomática).

Por sua vez, regimes internacionais e II têm funcionalidades que convergem no auxílio do gerenciamento da complexidade da ordem na sociedade global. Suas funcionalidades são múltiplas: evitar a guerra, promover ordem e estabilidade, manter a paz e a segurança internacional; promover a cooperação técnica; incentivar o desarmamento; gerar melhorias socioeconômicas; estabelecer normas de direito internacional; incentivar e promover os direitos humanos; e estimular o desenvolvimento. A relevância das II e de regimes se concebe a partir de incentivos positivos no apoio institucional para combater um problema; no favorecimento de recompensas por seguir princípios, normas e critérios; na indução ao cruzamento de agendas (multiplicação de ganhos); na cristalização de expectativas futuras e no valor da cooperação continuada; na consolidação de comunidades epistêmicas que ampliam a durabilidade da cooperação. Em suma, a interveniência das II e de regimes internacionais cria uma teia de cooperação com nichos de coordenação política, induzindo mudanças de comportamento e de hábitos.

Princípios e normas internacionais

Outra dimensão da política internacional (PI) se refere ao quadro de princípios e normas que estruturam a ordem global. Uma primeira camada estrutural de princípios e normas gerais e mais difusas engloba a autodeterminação, a não intervenção e a soberania. Discursos, queixas e denúncias apresentadas por países litigantes — em termos de reconhecimento e diferendos territoriais — seguem normalmente tais princípios.

Uma segunda camada epidérmica de normas se refere àquelas operacionais, em uma área específica: direito da guerra, doutrinas de guerra preventiva e preemptiva e doutrina da destruição mutuamente assegurada (MAD) são exemplos de como Estados e grupos têm seus interesses organizados no nicho da segurança.

A terceira camada mais profunda das normas emerge do campo do conhecimento, dos hábitos, costumes e das pressões surgidas como reflexo de usos, costumes e crenças amplamente aceitas. Igualmente, as crenças científicas e não científicas relacionadas ao conhecimento produzido em centros especializados e em universidades, resultantes da soma de informações técnicas e de teorias, bem como de saberes capazes de gerar consenso entre agentes. Por exemplo, padrões gerais de uso eficiente da água e energia, assim como o uso sustentável da floresta e a proteção dos saberes tradicionais, influenciam o comportamento dos atores internacionais. A regularidade desses padrões e hábitos leva a expectativas compartilhadas, que se tornam infundidas com os princípios e normas globais, o que tende a consolidar um certo tipo de ordem na sociedade global.

Desse modo, e seguindo o parâmetro internacionalização-internalização já discutido, é mister que as diretrizes globalmente acordadas sirvam como orientação na construção de políticas públicas nos níveis regional e doméstico visando atingir objetivos locais. Nesse sentido, podemos citar a correlação entre saúde global, o combate a pandemias, os efeitos nas populações mais pobres e a necessidade de se desenhar políticas públicas de enfrentamento às desigualdades.

Por exemplo, na resposta global a epidemias como a covid-19, o nível de informação compartilhada entre os atores envolvidos ampliou-se significativamente por conta das instituições existentes e robustecidas. Ao reduzir possibilidades de não cooperação, ampliavam-se as condições de garantir segurança e dignidade, mediante tratamento adequado, às vítimas em diferentes partes do mundo. Igualmente, devido ao compartilhamento do conhecimento científico em ebulição, protocolos e rotinas de atuação no campo foram sendo estabelecidos e melhorados para diagnóstico e tratamento adequado, bem como para prevenção no alastramento dos casos. Ao mesmo tempo, no plano da expertise técnica, um constante trabalho da medicina laboratorial e da biotecnologia para o desenvolvimento de vacinas era desenvolvido, bem como de pesquisas para o rastreamento dos impactos, dos fatores de contaminação e transmissão e da mutação genética do agente patológico. Por fim, no plano da sensibilização e do compartilhamento de informação de qualidade, a mobilização social por meio de ONGs e coletivos preencheu de sentido e concretude as principais diretrizes globalmente acordadas e sugeridas de atenção às consequências sociais da pandemia. Em suma, a ação concertada entre Estados, OIs e a sociedade civil organizada construiu uma rede global de atenção às vítimas da covid-19, com maior ou menor abrangência dependendo de cada país.

A governança da complexidade

Um dos debates mais significativos da política internacional refere-se à governança das complexidades inerentes à sociedade global.

Por um lado, entendemos governo como a autoridade formal que apoia e desenvolve políticas constituídas e direcionadas a uma certa população em um determinado território, tendo sua legitimidade definida legalmente com poder de polícia e capacidade das instituições domésticas para assegurar a implantação de políticas públicas. Assim, a capacidade de um governo para fazer e aplicar regras, e para prestar serviços, independentemente de o governo ser ou não democrático, é denominada *governabilidade*.

Por outro lado, a definição de *governança* abrange formas de provisão de bens comuns necessários à ordem, mediante a coordenação entre atores variados em um caráter não hierárquico e de horizontalidade. Governança refere-se a atividades apoiadas em objetivos compartilhados que podem ou não derivar de responsabilidades formalmente prescritas e que não dependem necessariamente do poder de polícia para superar obstáculos e alcançar o seu cumprimento.

Na política internacional, florescem sistemas de regulação que conseguem lidar com desafios tais como evitar conflitos entre seus membros ou grupos, prevenir a ruptura institucional de organizações e regimes, facilitar a afluência de recursos necessários à sua preservação e bem-estar e promover o enquadramento de metas e políticas projetadas para alcançá-las, o que Rosenau e Czempiel (2000) conceituam como "governança sem governo". Nesse caso, consolida-se a ideia da governança como orquestração, no sentido de construir uma plataforma pela qual os múltiplos agentes podem administrar, coordenar e combinar aspirações, objetivos, metas e ações políticas.

A ótica da governança complexa parte de uma abordagem pluricêntrica de conformação de redes a partir de conexões fragmentadas que organizam as relações entre atores relativamente autônomos, mas interdependentes. Por exemplo, a governança da internet ou das mudanças climáticas envolve tanto governos nacionais como empresas de diferentes setores econômicos, organizações públicas e privadas, movimentos sociais, associações locais, conectados pelo tema geral (área-assunto), mas perseguindo seus interesses particulares consoante processos de negociação, acomodação, concertação, cooperação e formação de alianças.

ANÁLISE DE TEMAS
DA POLÍTICA INTERNACIONAL

Nesta seção procuramos analisar um conjunto de temas que se destacam na política internacional no século XXI por serem estratégicos, tanto pelo envolvimento de atores estatais e não estatais – por conectarem a dimensão de segurança com outros setores como econômico, social e cultural – assim como por refletirem a necessidade de engajamento de múltiplos agentes na sua governança. Discutiremos sobre terrorismo e violência, segredos, mentiras e a exposição pública e sobre o enfrentamento às desigualdades na política internacional. Além disso, a PI avança sobre novos espaços de interação, como Antártica e Ártico, ao mesmo tempo que ressignifica lugares conhecidos pelas dinâmicas de poder e entrechoque entre potências, como o espaço exterior e os oceanos.

Terrorismo e violências

Dentre as principais tendências do conflito armado global, é possível identificar mudanças relevantes com o advento da chamada Guerra Híbrida e o recrudescimento do terrorismo global. O chamado Jihadismo Global, encabeçado por grupos terroristas como Al-Qaeda, Estado Islâmico e Boko Haran, sacudiu a política internacional nas últimas décadas. Desde os ataques terroristas do 11 de Setembro de 2001, a agenda de segurança foi capturada pelo terrorismo, proporcionando reações desproporcionais de desmantelamento dos regimes políticos no Iraque e Afeganistão, retaliação contra Al-Qaeda e caça a Osama bin Laden.

Definimos o terrorismo como o fenômeno ligado à ameaça de violência e ao uso do medo para coagir, persuadir e ganhar atenção pública; também podendo ser visto como o uso ou a ameaça de uso da violência por indivíduo ou grupo a favor ou contra a autoridade estabelecida, gerando ansiedade extrema ou efeitos induzidos pelo medo, a fim de coagir um grupo maior a aceitar determinadas demandas. Ainda, sob outra ótica, o terrorismo pode ser visto como a violência politicamente motivada e premeditada contra alvos não combatentes por grupos subnacionais ou agentes clandestinos, visando influenciar uma audiência.

O combate ao terrorismo torna-se tema que demanda uma interpretação crítica, pois constrói-se a imagem – nem sempre coerente – do desafio islâmico à tradicional dominação cultural do Ocidente. Portanto, em locais onde subsistem certa desorganização monetária e financeira e dificuldades de acesso à tecnologia (aprofundamento da distância Norte-Sul), abre-se espaço para a atuação do terrorismo e ameaças de proliferação nuclear em regiões periféricas, bem como para a capacitação em armas químicas e bacteriológicas, fatores que demonstram os limites inerentes das organizações multilaterais na égide da segurança internacional.

Como efeito bumerangue, alimenta-se a ação de atores não estatais, ampliando a violência política transnacional, os gastos militares com armamento e sistemas de vigilância e o desenvolvimento tecnológico para ações localizadas. Todos esses fatores corroboraram, em algum momento, como justificativa de uma campanha militar longa no Oriente Médio (Guerra contra o Terror), que visava enfrentar a ameaça do fascismo islâmico e ampliar a presença dos EUA em uma região estratégica em um contexto de retomada da rivalidade com a Rússia.

O terrorismo pressupõe tanto a existência de objetivos políticos definidos para atuação de grupos não estatais quanto ações violentas visando a danos colaterais aos civis e à população local, assassinatos e sequestros (resgate), bombas em locais de grande movimento ou em carros, sequestros de aeronaves (atenção da mídia). Também miram ações contra a estrutura econômica do Estado, como oleodutos, indústrias, instalações militares e energéticas, bem como centros financeiros. Além disso, cabe destacar também que grupos paramilitares se adaptaram mais rapidamente às novas tecnologias midiáticas, às táticas de guerrilha e ao uso de armamentos.

Dentre os pilares da estratégia global de combate ao terrorismo estariam: abordar as condições propícias à disseminação do terrorismo, estabelecer medidas para prevenir e combater o terrorismo, fortalecer a capacidade dos estados e do sistema ONU e garantir o respeito aos direitos humanos para todos como base para a luta contra o terrorismo.

Por sua vez, o contraterrorismo se baseia no esforço coordenado e cooperativo de governos para combater suas táticas de ataque. Dentre as ações adotadas estão a criação de programas para evitar que jovens gravitem para o lado do terror, sobretudo com ajuda econômica e propaganda contra o extremismo. São também medidas contraterroristas o investimento maciço em sistemas de transporte aéreo (aviação civil e comercial); o aperfeiçoamento de sistemas eletrônicos (bancos e comércio); a concretização de atos de cooperação para desmobilizar ações de redes e indivíduos; a coordenação de ações militares e de inteligência; e a efetivação do controle financeiro do Estado ao congelar e apropriar-se dos ativos dos grupos terroristas.

Principalmente a partir da invasão do Afeganistão por parte dos Estados Unidos, em 2001, suscitou-se o debate público sobre os excessos da atuação de alguns governos. Apontando o desacordo sobre a efetividade de algumas medidas, dúvidas foram levantadas quanto aos sacrifícios das liberdades individuais em perspectiva com os efeitos colaterais do conflito. Críticas também foram direcionadas quanto ao tratamento de prisioneiros suspeitos em prisões secretas; aos abusos dos direitos humanos das populações envolvidas no combate; e ao uso da tortura como ferramenta de intimidação e obtenção de informações. Ademais, debates públicos sobre a efetividade dos custos empregados na caçada e no assassinato de líderes de grupos terroristas foram levantados, além dos atentados às liberdades e à privacidade do cidadão comum, que teve suas redes sociais controladas pelo Estado, com famosos casos de interceptação de e-mails e grampeamento de conversas telefônicas.

O combate ao terrorismo no século XXI abriu uma série de debates sobre a indefinição na capacidade do Estado em lidar com um conjunto interconectado de problemas, aliado sobretudo à relutância em assumir responsabilidades pela segurança interna de outros Estados, fato ampliado também pelas incertezas quanto ao grau de sucesso das intervenções levadas a cabo. Exemplos de Estados colapsados como Síria, Iraque e Líbia reforçam a necessidade de se acessar o conjunto de instrumentos normativos internacionais – convenções, acordos políticos – e diferentes instituições e instrumentos para preservar a estabilidade e a segurança internacionais.

Outra dimensão do conflito no século XXI refere-se à atuação de Atores Não Estatais Violentos (ANEVs), que manifestam o nexo entre subdesenvolvimento, crime e conflito. As profundas desigualdades sociais requerem políticas públicas regionais de redução das assimetrias e iniciativas e projetos de cooperação regional focados nas populações e grupos vulnerabilizados. De fato, o subdesenvolvimento de alguns países agrava os riscos associados à atuação de redes criminosas em diferentes âmbitos, inclusive no tráfico de pessoas, nos diferentes segmentos do processo migratório – mediante exploração, sujeição e ameaça à integridade física do migrante.

A expansão da atuação de organizações que desafiam as concepções tradicionais de autoridade do Estado se destaca não apenas como perpetradores da violência social, mas também por sua capacidade de governança de segurança. Em contexto de falha do Estado e das autoridades governamentais, as facções fornecem proteção física, segurança social e serviços básicos aos cidadãos em suas áreas de controle. Nesse tópico, as principais respostas de atuação da comunidade internacional, ancoradas no princípio da Responsabilidade de Proteger (R2P) e nas operações de paz, são limitadas pelos pressupostos estatais da autonomia e da soberania.

Segredos, mentiras e a exposição pública na política internacional

Um dos dilemas da política internacional no século XXI é entre manter segredos a favor dos interesses nacionais ou quebrar sigilos a favor da liberdade e da democracia. Tal dilema se desfaz quando segredos e mentiras são expostos ao escrutínio da opinião pública mundial. Logo, o tema da transparência ganha relevância global, de modo que se questiona o controle da informação e como ele influencia a conduta nas RI. Por um lado, governos produzem muita informação sobre suas conquistas visando ganhar capital político. Por outro, retêm informações que poderiam afetar negativamente seus interesses.

Essa política de controle da informação e do segredo (*secrecy*) foi pensada em contextos de conflito para proteger informações sensíveis de inimigos externos, mas acabaram se desvirtuando para servir a propósitos eleitorais e partidários, por vezes enganando a própria população. A confidencialidade de documentos e dados – normalmente regulamentada em leis específicas – pode ser utilizada como barreira contra críticas da sociedade civil, restringindo a participação popular ou mesmo encobrindo o fato de que algumas organizações da sociedade civil são selecionadas para forjar certo grau de participação em sociedades iliberais ou autoritárias.

A política internacional tem na mentira uma ferramenta de tomada de decisão. Segundo John Mearsheimer em seu livro *Why leaders lie?*, são diversas as formas de instrumentalizar a mentira na política internacional: criar uma vantagem estratégica, seja no sentido de desviar a atenção da opinião pública de controvérsias domésticas e internacionais, difundir o medo e induzir a população a fazer sacrifícios necessários para enfrentar um desafio; esconder políticas controversas e falhas; exagerar as capacidades materiais para dissuadir um oponente; encobrir suas próprias capacidades para evitar uma reação de um concorrente ou vizinho; ocultar intenções hostis em relação a outro Estado e a Estados rivais para evitar ações preemptivas; exagerar sobre ameaças para que a audiência interna e externa preste maior atenção aos riscos potenciais de um acontecimento ou fenômeno; induzir erros para facilitar espionagem e sabotagem; e ampliar seu poder de barganha em negociações, manipulando informações.

O escudo contra as armas da mentira seriam exposição (*exposure*), revelação (*revelation*) e envergonhamento (*shaming*). São estratégias usualmente utilizadas para impelir governos a cumprir metas e assumir responsabilidades internacionais. Criam uma espécie de sanção social global que visa induzir uma mudança de comportamento mediante a descaracterização da imagem de um governo e/ou Estado internacionalmente, produzindo efeitos de erosão de credibilidade perante a comunidade internacional.

Por exemplo, defensores dos direitos humanos e do meio ambiente assumem esse papel de expor e revelar as atrocidades cometidas por governos que tentam esconder suas ações negativas. Nesse caso, a não prestação de contas sobre suas ações domésticas e internacionais abrem espaço para que governantes e países sejam envergonhados internacionalmente por seus atos antiéticos e imorais.

A exposição se refere à disponibilização para certas entidades (mídia, organizações da sociedade civil e organizações internacionais) de informações com teor comprometedor da conduta de um governo. Ao serem tornadas públicas, essas informações podem ser então processadas pelo conjunto da sociedade e da comunidade internacional, gerando significados específicos que tendem a desgastar e pressionar o poder corrente na medida em que há um claro apontamento de quem deve ser responsabilizado por atos abusivos e desvios.

Um dos casos mais contundentes foi o do *Wikileaks*, que disponibilizou em uma plataforma da internet milhares de documentos oficiais comprometedores da atuação internacional dos EUA. Personagens como Edward Snowden e Glenn Greenwald se tornaram peças-chave nessa disputa de narrativas acerca da verdade e do poder de acesso à informação e da transparência como parte intrínseca à democracia no século XXI.

Lugares estratégicos na política internacional – os polos e o espaço exterior

A situação no Círculo Polar Ártico é bastante *sui generis* para os interesses brasileiros – pela distância geográfica e especificidade dos países interessados. Entretanto, vale menção por se tratar de uma dinâmica globalizante relacionada à economia internacional, às mudanças climáticas e à segurança internacional. Algumas empresas globais do ramo petrolífero têm feito apostas altas na existência de reservas de urânio, terras raras e petróleo, ainda que não plenamente comprovadas, na região. ConocoPhillips, Shell, Chevron, ExxonMobil e Statoil (Noruega) têm se movimentado no mercado internacional para adquirir blocos de exploração adjacentes às operações da empresa escocesa Cairn. Ao mesmo tempo, todos os cinco países com presença no Ártico – Canadá, Dinamarca (por meio de seu controle da Groenlândia), Noruega, Rússia e Estados Unidos (por meio do Alasca) – estão reafirmando suas reivindicações históricas na área e tomando novas medidas para proteger seus interesses.

Ainda que os ativos de petróleo e gás natural da Noruega sejam relativamente modestos quando comparados aos das principais nações produtoras de hidrocarbonetos, o governo norueguês entende o valor estratégico do seu envolvimento em uma empreitada no Ártico. Já a Rússia depende em parte dos rendimentos da produção de hidrocarbonetos para alimentar o crescimento econômico e financiar a atividade do governo, sendo que muito de seu petróleo e gás natural vêm da região oeste da Sibéria, uma área vasta e deserta que se estende pelo Círculo Polar Ártico.

À medida que as grandes corporações de energia se aprofundaram cada vez mais no Ártico em busca de novas reservas de petróleo e gás natural, os governos nacionais também começaram a dar mais atenção a essa região, atribuindo-lhe maior peso em seus cálculos estratégicos. Isso, por sua vez, trouxe à tona várias disputas de limites, de longa data, no Ártico e levantou novas questões sobre a propriedade da própria região polar.

A corrida do petróleo no Ártico ganha novo ímpeto à medida que o ambiente operacional hostil começa a ceder às mudanças climáticas e aos avanços tecnológicos. As prospecções feitas até agora fizeram do Ártico uma colcha de retalhos de 33 províncias energéticas com estimativas do potencial de petróleo e gás de cada uma. Metade dessas províncias estão localizadas na Rússia e em suas águas adjacentes; a outra metade está espalhada pela Noruega, Groenlândia, Canadá e Alasca.

A crença de muitos geólogos sobre as reservas de energia se vale devido ao aumento das temperaturas que, em determinadas épocas do ano, derretem o gelo marinho, processo que está se ampliando com as mudanças do clima, estendendo a temporada de perfuração em um ou dois meses. O aumento das temperaturas do planeta também reduz a calota polar ártica, tornando possível operar em águas mais ao norte.

Se, por um lado, o desenvolvimento de campos de petróleo e gás nas costas oriental e ocidental do país pode contribuir muito para melhorar o padrão de vida dos habitantes da Groenlândia, por outro lado, alguns residentes locais creem que os riscos ambientais da perfuração *offshore* são muito altos. Como o aquecimento global acelera o derretimento das geleiras da Groenlândia, ele também produzirá um número crescente de *icebergs*, o que pode causar problemas para a navegabilidade e nível dos mares em outras localidades. Alguns ativistas temem que as operações de perfuração acelerem o aquecimento global e, ao mesmo tempo, interfiram na alimentação e no comportamento de acasalamento de mamíferos marinhos ameaçados, incluindo ursos polares, morsas e baleias-comuns. Os defensores do meio ambiente, alguns habitantes nativos, em aliança com ativistas de ONGs como o Greenpeace, temem que a produção planejada de petróleo não só coloque em risco o bioma litorâneo do país, mas também contribua para o aquecimento global.

No outro extremo do planeta e dentro do entorno estratégico brasileiro encontra-se o continente antártico. Dois fatores são chaves para a discussão da importância internacional da Antártida na política internacional: o papel da Antártida nas mudanças ambientais globais e a eventual exploração efetiva de recursos energéticos no continente gelado.

Diferente do Ártico, cujo espaço de experiência normativa ainda está em constituição, a Antártida possui um regime internacional que disciplina suas relações internacionais. Desde 1959, por meio do Tratado de Washington, os países têm procurado "congelar" pretensões territoriais, que poderiam ser precipitadas pela lógica bipolar da Guerra Fria. Pelo Tratado estabeleceu-se um *modus vivendi* entre aqueles Estados territorialistas que estavam preocupados com a salvaguarda das suas reclamações nacionais (algumas sobrepostas) e aqueles que procuravam garantir acesso a todo o continente antártico.

Criou-se, então, o chamado Sistema do Tratado da Antártida (STA), que regula toda a área ao sul do paralelo 60º Sul, com base nos seguintes princípios fundamentais: uso pacífico da região e de seus recursos; liberdade de pesquisa científica; promoção da cooperação internacional em pesquisas antárticas; divisão justa e igualitária dos benefícios advindos dos recursos e pesquisas naquele continente; e respeito à posição de cada uma das partes quanto ao reconhecimento, ou não, de reivindicação de soberania.

De fato, o regime internacional constituído preza pela não militarização do continente, que só deve ser usada para fins pacíficos, como a pesquisa científica e a preservação de recursos biológicos. Ainda que se tenham consolidado as bases para o uso científico, conservação e gestão dos recursos marinhos e minerais da Antártida, o regime enfrenta pressões no que toca a questões emergentes como o turismo antártico e a prospecção biológica, que demandam novas e abrangentes regulamentações para uma conservação adequada da fauna e da flora locais.

Nesse ponto, entretanto, o fator crítico para a promoção de uma proteção ambiental efetiva na Antártica está na vontade política dos governos e na capacidade de enquadramento da região no conceito de "patrimônio comum da humanidade", que visa ao compartilhamento de responsabilidades e obrigações para garantir que as gerações seguintes continuem usufruindo dos benefícios materiais e imateriais da preservação e uso adequado daquela região. No caso do Brasil, vale menção que a principal ferramenta de atuação do país na região é via o Programa Antártico Brasileiro (Proantar), que viabiliza sua participação nas concertações internacionais políticas e técnico-científicas, respeitando a liberdade de pesquisa, desmilitarização e desnuclearização.

* * *

Desde a assinatura, em 1967, do Tratado do Espaço Exterior (OST, na sigla em inglês), ainda em um contexto de Guerra Fria, a comunidade internacional procurou governar as ações humanas na estratosfera terrestre. A essência do OST era preservar o espaço exterior como um santuário para a humanidade e, desde então, deu o tom para arranjos, práticas e entendimentos subsequentes entre as nações em relação ao cosmos.

Destaque para normativas do CSNU, como a Resolução 1148 (XII), que declarou que o lançamento de objetos espaciais deveria obedecer apenas a interesses pacíficos e científicos, e a Resolução 1721 (XVI), que reconheceu a aplicabilidade do direito internacional ao espaço e corpos celestes, bem como registrou que a exploração do território espacial estaria aberta a todos os Estados, e não sujeita à apropriação nacional.

Uma das características da política internacional do espaço exterior é essa ambivalência do espaço na política internacional como inerentemente sensível ao uso dual (civil e militar). Por um lado, projetos com fins civis podem ser aproveitados para potenciais estratégicos. A proliferação de satélites com recursos de sensoriamento remoto e transmissão, embora de natureza civil, tem sérias repercussões estratégicas por seu impacto nas imagens e nas comunicações. Por outro, o estabelecimento de plataformas e ativos de armas no espaço, que têm capacidade ofensiva, bem como armas que podem ser baseadas no solo, mas que podem ser usadas contra dispositivos no espaço. Mais, os recursos espaciais são o principal facilitador de redes e comunicações, o que afeta o entendimento e a práxis da guerra conjunta e interoperabilidade de forças.

Outra característica seria sua intensividade em tecnologia e pesquisa científica. A escala e escopo das atividades humanas no próprio espaço sideral passou por transformações irreversíveis em face das reconfigurações paralelas da tecnologia espacial e da ordem mundial. O espaço exterior é muitas vezes interpretado como um bem comum global (*global commons*), mas também como uma arena de grande competição de poder e projeção de poder. Por um lado, a ascensão do comercial de empreendimentos espaciais por corporações transnacionais para o uso de serviços baseados no espaço, como telefones por satélite e Sistema de Posicionamento Global (GPS). Por outro, o crescimento das tecnologias espaciais, junto com seus custos decrescentes, facilita o acesso fácil ao espaço por um grande número de Estados, bem como por atores não estatais. A natureza atual dos recursos espaciais facilita a natureza da comunicação, inteligência, vigilância e exploração científica. Em suma, os principais sistemas e plataformas civis e militares, de meteorologia, de comunicação (internet e redes celulares), veículos aéreos não tripulados, sistemas de navegação (como GPS) estão conectadas ao uso do espaço exterior. A própria conceitualização da guerra centrada em rede depende de ativos baseados no espaço.

Os oceanos na política internacional

Dimensão Estratégica

- Mares e oceanos representam cerca de 75% da superfície terrestre e suas propriedades físicas, químicas e biológicas tornam o ambiente marinho fundamental para a existência de vida em nosso planeta.
- Água da chuva, água potável, clima, litorais, alimentação e o ar que respiramos são fornecidos e regulados pelo mar.
- Importante fonte de recursos e minerais biológicos e energéticos.
- Tendência crescente de novas pesquisas e tecnologias para aproveitamento do potencial dos recursos oceânicos para exploração econômica.

Dimensão Socioambiental

- Mais de 3 bilhões de pessoas dependem da biodiversidade marinha e costeira para seus meios de subsistência.
- Os oceanos absorvem cerca de 30% do dióxido de carbono produzido pelos humanos.
- A poluição marinha, proveniente principalmente de fontes terrestres, está atingindo níveis insustentáveis com quantidade excessiva de plásticos e microplásticos.

Dimensão Político-Diplomática
- Desde a Rio +20 vem sendo cristalizada a noção de uma economia azul que florescesse da exploração sustentável dessa massa enorme que cobre a maior parte do planeta Terra.
- Com a Agenda 2030, fixou-se um objetivo global (ODS 14) visando conservar e promover o uso sustentável do oceano, dos mares e dos recursos marinhos.
- A "Década dos Oceanos" (2021-2030) foi recentemente inaugurada para alavancar a ciência oceânica global, a partir do princípio "o oceano que precisamos para o futuro que queremos".

Dimensão Econômica
- Conformação de uma economia azul que conecta produção e consumo, industrialização e infraestruturação de produtos e instalações ligados aos mares e oceanos.
- Uma das principais atividades econômicas sustentáveis baseadas no oceano é o da energia renovável (ventos, ondas e correntes do oceano), bem como a energia eólica em alto-mar.

Teal Deal (negócios verde-azulados)
- Conjunção entre uma economia verde (baseada na preservação, restauração ambiental e descarbonização), os Novos Acordos Verdes (*Green New Deal*) e a economia azul.
- Promoção de atividades econômicas que interligam coberturas florestal e vida terrestre com a vida marinha e biomas de transição.
- Objetivo de induzir a substituição de combustíveis fósseis por fontes renováveis, fortalecer sistemas alimentares sustentáveis e a descarbonização do sistema produtivo.
- A proteção de ecossistemas de carbono azul (blue carbon) como habitats costeiros, algas marinhas, manguezais e pântanos, ganhou muita atenção devido à sua alta capacidade de sequestro de carbono.

Política ambiental global

A política ambiental global (PAG) é caracterizada por uma série de narrativas sobre os impactos das mudanças climáticas nos limites planetários, bem como pela constituição de um regime de proteção ao meio ambiente marcado por mecanismos internacionais de regulação dos impactos da humanidade sobre os componentes dos sistemas terrestres (atmosfera, oceanos, clima, biodiversidade, florestas, água e solo).

Refere-se a uma dimensão das Relações Internacionais que se situa no entrechoque de voluntarismos e aspirações ao controle da presença humana no planeta Terra *versus* determinismos e interesses egoístas que tendem a empurrar e ultrapassar os limites que suportam a vida na Terra. Essa dualidade se manifesta na oposição entre as aspirações ao caminho da sustentabilidade e o determinismo das forças econômicas neoliberalizantes, somados à diferença entre percepções sobre a indissociabilidade entre paz e justiça social, em contraste com a perseguição do progresso tecnológico e da nova iluminação.

São muitos os casos de rios, florestas, mares e oceanos compartilhados por diferentes países, caracterizando o meio ambiente como uma área/assunto que não segue as fronteiras tradicionais. Os impactos das ações humanas geram sensibilidade e vulnerabilidade entre países e regiões, o que garante uma atenção multidisciplinar como tema específico de reflexão. A política ambiental torna-se global justamente porque as atenções dos grupos políticos mundiais convergiram com as preocupações da comunidade científica internacional sobre como os impactos das ações humanas rompiam os limites possíveis da própria sobrevivência da humanidade no planeta.

Neste capítulo, apresentaremos as principais concepções correlacionadas à PAG, um breve histórico que nos permite compreender suas dinâmicas na história das Relações Internacionais, bem como os principais debates da atualidade.

CONCEPÇÕES SOBRE A POLÍTICA AMBIENTAL GLOBAL

Nesta primeira seção, nos debruçamos sobre as principais concepções correlacionadas à PAG e que nos ajudam a compreender a evolução histórica, os temas e os debates que marcam a sociedade global na atualidade. A PAG se define em torno das noções de *sustentabilidade* que regem a política internacional, seguindo padrões de comportamento (ação/inação) e de enquadramento político (agenda/pauta/bandeira/movimento/luta) orientados por políticas de não esgotamento de recursos naturais e de respeito ao meio ambiente. Sustentabilidade define-se por tipos específicos de relações e práticas sociais, econômicas e ambientais voltadas à proteção, preservação e recuperação da natureza e dos recursos naturais existentes no planeta Terra. Ela inclui hábitos e práticas cotidianas – reciclar, reduzir e reutilizar –, bem como a cultura institucional estabelecida em diferentes organizações: planos de logística sustentável, planos subnacionais de adaptação e mitigação das mudanças climáticas, além de programas e políticas nacionais de gestão temática (biodiversidade, água e saneamento, solo, áreas costeiras, proteção de ecossistemas, recuperação de áreas degradadas, educação ambiental e compras governamentais).

Derivando do encontro da ideia econômica de desenvolvimento com a ideia ecológica da sustentabilidade, cristaliza-se o conceito de *desenvolvimento sustentável*. Esse conceito refere-se à necessidade de fazer florescer uma economia verde que possa viabilizar o crescimento de países e regiões e, ao mesmo tempo, reduzir os riscos ambientais. A noção evoluiu com debates em fóruns internacionais e iniciativas locais para agregar a ideia do social, a fim de valorizar no enquadramento da economia verde uma preocupação com a vida das pessoas de hoje e das gerações futuras. Logo, desenvolvimento sustentável refere-se a um modelo de geração de crescimento e prosperidade formado por um conjunto quase universal de elementos normativos que conectam as dimensões econômica, ambiental e social para orientar políticas e decisões.

Na medida em que sustentabilidade e desenvolvimento têm nas cidades um universo particular de manifestação de suas práticas, passamos a conceber as *cidades sustentáveis* como agentes da política internacional. Cidades sustentáveis são aquelas nas quais é possível verificar a implementação de um modelo de desenvolvimento sustentável. Elas se constituem em habitat ambiental, social e economicamente saudável para as populações de hoje e das gerações futuras, buscando estabelecer práticas de baixa emissão de carbono, de segurança energética, de economia e infraestrutura verdes. Ao falar em cidades sustentáveis, nos referimos ao papel estratégico dos governos locais em identificar problemas e formular políticas que levem em consideração a dimensão da sustentabilidade, mediante ações de adaptação ou mitigação das mudanças climáticas, conectadas a outras agendas como erradicação da pobreza e da fome, saúde coletiva, água, saneamento e acesso à energia, por exemplo. Além disso, a atuação internacional de cidades se estabelece justamente na constituição de redes regionais e globais nesse campo mais amplo da sustentabilidade.

O principal enquadramento que justifica essa inserção internacional tem sido associado ao conceito de *Antropoceno*, cunhado em um contexto de crítica e alarmismo em torno dos desafios ambientais globais. De acordo com esse ponto de vista, novos desafios exigiriam uma nova forma de se conceber a sustentabilidade global e, então, passou-se a refletir sobre o impacto das atividades humanas nos ecossistemas, biomas e no clima da Terra. Esse novo período da humanidade foi denominado Antropoceno, porque as ações dos seres humanos nos sistemas terrestres têm gerado instabilidades críticas que estariam desencadeando mudanças abruptas ou irreversivelmente deletérias e catastróficas para o bem-estar humano.

Portanto, o conceito de limites planetários define um espaço seguro para a humanidade operar (produzir, consumir), levando em consideração os processos biofísicos intrínsecos à regulação e estabilidade do planeta terra.

> **As nove fronteiras planetárias identificadas pelos estudos de Johan Rockström, do *Stockholm Resilience Centre***
>
> 1. Mudanças climáticas.
> 2. Acidificação dos oceanos.
> 3. Destruição da camada de ozônio.
> 4. Interferência com os ciclos globais de fósforo e nitrogênio.
> 5. Taxa de perda de biodiversidade.
> 6. Uso global de água doce.
> 7. Mudança dos sistemas terrestres.
> 8. Cargas de aerossol (Gases de Efeito Estufa – GEE).
> 9. Poluição química (materiais radioativos, nanomateriais e microplásticos).

O modelo cobre os ciclos biogeoquímicos globais de nitrogênio, fósforo, carbono e água; os principais sistemas de circulação física do planeta (clima, estratosfera, sistemas oceânicos); as características biofísicas da Terra que contribuem para a resiliência subjacente de sua capacidade de autorregulação (biodiversidade marinha e terrestre, sistemas terrestres); e duas características críticas associadas à mudança global antropogênica (carga de aerossóis e poluição química).

A abordagem das fronteiras planetárias baseia-se em três ramos da investigação científica. O primeiro aborda a escala da ação humana em relação à capacidade da Terra para sustentá-la, que conecta economia e ecologia nesse exercício de compreender o papel do ambiente para dar suporte à vida e ainda prover o bem-estar humano, apontando os limites da expansão do sistema capitalista. O segundo é o aprimoramento da ciência da sustentabilidade e sua compreensão dos processos essenciais dos sistemas terrestres, humanos e não humanos, reunidos em pesquisas ecológicas, climatológicas e históricas sobre as mudanças e resiliências. O terceiro foca na resiliência e suas ligações com dinâmicas complexas e autorregulação dos sistemas vivos, enfatizando múltiplas bacias de atração e efeitos de limiares.

O conceito de *resiliência* ganhou bastante notoriedade por sua força explicativa das complexidades da sociedade global. Resiliência refere-se à capacidade dos agentes em conceber estruturas, estabelecer processos, manter relações e realizar articulações visando garantir a segurança e a sobrevivência de instituições e indivíduos em determinada sociedade. A ideia de resiliência está associada às cidades como unidade de análise das RI, refletindo sua capacidade de resistir e se adaptar, por exemplo, às mudanças climáticas, ao aumento do nível do mar e inundações (cidades em Estados-ilha; cidades costeiras e à beira dos rios), aos ciclones tropicais e tempestades (cidades do Caribe e da América Central), ou a secas prolongadas (cidades em regiões áridas e semiáridas). Além disso, a ideia de resiliência relaciona-se a diferentes tipos de desigualdades que afetem a qualidade de vida de suas populações, como pobreza, fome, inseguranças diversas e violências estruturais. Construir resiliência requer identificação e avaliação de riscos, elaboração de planejamentos de redução de vulnerabilidades e formulação de políticas de redução das suscetibilidades.

Resiliência é conceito-chave para se discutir a preparação para emergências, a resistência a choques e a capacidade de adaptação às mudanças contínuas que acometem a política ambiental global, particularmente àquelas relacionadas à intensa busca por recursos estratégicos naturais, considerados muito importantes no debate sobre o desenvolvimento sustentável por estarem ao mesmo tempo intimamente ligados às dimensões social, econômica e ambiental, bem como a processos como mudanças climáticas. Dentre os mais relevantes recursos estratégicos da política ambiental global, encontram-se água, energia, oceanos, florestas, bem como recursos extraídos com a mineração.

Os *recursos estratégicos naturais* são ecossistemicamente sinérgicos das agendas de segurança e meio ambiente. As mudanças climáticas e a escassez de recursos são cada vez mais percebidas como multiplicadores de riscos e ameaças que agravam os problemas sociais existentes, como pobreza, injustiça, insegurança social, violência, terrorismo ou guerra civil.

Nesse caso, *segurança ambiental* é o nome dado à preservação das condições ecológicas que suportam o desenvolvimento da atividade humana e está diretamente relacionada às ameaças de perder as condições de que dependem para a obtenção ou a manutenção da qualidade de vida de uma população, comunidade ou sociedade. O conceito de segurança ambiental refere-se às várias maneiras pelas quais o meio natural se liga à esfera da segurança, correlacionando ações de governos e construção de redes entre organizações internacionais e agentes não governamentais para enfrentar os chamados riscos extremos, catastróficos e existenciais à sobrevivência da humanidade no planeta Terra.

Podemos agrupar esse conjunto de riscos como eventos potencialmente nocivos e que, mesmo considerados de ocorrência pouco provável, precisam ser compreendidos e monitorados por seus impactos profundos no conjunto da política internacional. Riscos extremos, catastróficos e existenciais podem estar associados ao advento de tecnologias disruptivas que, ao procurarem solucionar um problema de uma área-assunto, gerem consequências desastrosas para o equilíbrio dos sistemas terrestres. A disseminação global de agentes biológicos e patogênicos tem sido associada à ação humana sobre o meio ambiente. Igualmente, a ultrapassagem dos limites planetários pode vir a gerar o colapso das infraestruturas que sustentam o comércio e as finanças globais, tanto quanto as novas modalidades de conflito associadas à guerra cibernética. Riscos extremos, catastróficos e existenciais afetam, portanto, a ordem global nas dimensões da segurança, meio ambiente e economia, podendo levar à extinção humana ou ao colapso de civilizações.

Nesse ponto, as concepções sobre a PAG avançam para debater sobre a construção de uma nova trajetória civilizacional essencialmente "verde". O chamado *ecocentrismo* é resultante de um processo histórico de aprimoramento do conceito de ambientalismo orbitando em torno de ideias, normas, procedimentos, expectativas e identidades que orientam temas, agendas, movimentos e ações centradas na preservação e recuperação do planeta. Um dos principais obstáculos à consecução dessas transformações se refere às noções do racismo ambiental e da injustiça ambiental.

Coube a Benjamin Chavis, líder afro-americano dos direitos civis, cunhar o termo *racismo ambiental* em um estudo técnico de 1982. Chavis afirma que a formulação de políticas e a aplicação de regulamentos e leis sobre instalações industriais e resíduos tóxicos (o que incorre falar sobre poluidores e poluição) afetavam de maneira desproporcional as comunidades racializadas, as quais desenvolveram vários problemas de saúde. A isso ele chamou de racismo ambiental.

> **O que é racismo ambiental?**
> - Uma perspectiva estrutural das forças econômicas e sociais que influenciam os resultados discriminatórios.
> - Uma perspectiva conjuntural das dinâmicas e processos de tomada de decisão ambiental global, nacional e local que perpetuam o racismo.
> - Uma perspectiva normativa da cultura institucional que reforça as desigualdades e vulnerabilidades na distribuição dos perigos ambientais para certos grupos populacionais.

Assim, o debate evolui para problematizar o racismo ambiental como mais uma camada de lutas e enfrentamentos de desafios especificamente relacionados às injustiças socioambientais. Entre suas demandas, alerta-se para processos que gerem uma ampla variedade de danos ambientais com consequências desproporcionais, reforçando e aumentando a violência e a vulnerabilidade em grupos étnico-raciais, especialmente as populações negra e indígena – tanto doméstica quanto internacionalmente.

Em um contexto de degradação ambiental exacerbada, é fundamental colocar limites normativos e repensar modelos de desenvolvimento, aprimorando o conceito de sustentabilidade para um enfrentamento mais humanizado dos desafios climático-ambientais, baseados na solidariedade, fraternidade e integridade planetária. Assim, os principais aspectos definidores do conceito de *justiça ambiental* seriam: o reconhecimento dos impactos ambientais nas pessoas, gerações futuras e demais espécies; a participação de todos nas decisões a serem tomadas sobre questões ambientais; a abordagem cuidadosa para buscar a minimização de riscos às comunidades; a distribuição equitativa dos riscos ambientais via processo democrático; e a compensação pelos efeitos causados por problemas ambientais.

Portanto, a ideia de justiça ambiental e planetária tem relação com o florescimento de um valor social fundamental para a constituição de um tecido social global e indispensável para o enfrentamento do encontro entre velhos e novos desafios. O conceito adverte para ações necessárias às populações mais afetadas, mais pobres e vulnerabilizadas, induzindo a intervenções redistributivas de reconhecimento do papel dessa parcela da população invisibilizada ou esquecida.

BREVE HISTÓRIA
DA POLÍTICA AMBIENTAL GLOBAL

Uma breve história sobre a política ambiental global precisa considerar as tradicionais dinâmicas de poder entre grandes potências e países em desenvolvimento, bem como reconhecer a atuação de agentes não estatais que têm contribuído decisivamente para moldar debates e rebater discursos hegemônicos. Esta breve história ajuda a compreender a eclosão dos conceitos no tempo e prepara o terreno para se entenderem os debates atuais a partir de uma lente crítica do Sul global.

Ainda que se possa verificar a emergência de textos e publicações preocupados com questões ambientais já nos anos 1940-1950, é a partir dos anos 1960 que surgem elaborações intelectuais e políticas sobre os efeitos colaterais do desenvolvimento engatilhado após a Segunda Guerra Mundial. O modelo de crescimento econômico estava ancorado na produção, consumo e criação de novas tecnologias, o que demandava recursos naturais, particularmente insumos energéticos. O crescimento populacional exponencial levou a uma urbanização desenfreada, ao avanço das fronteiras agrícolas sobre florestas e outros biomas sensíveis e à aceleração do uso de fertilizantes na agricultura. Com isso, ampliaram-se os níveis de emissões de poluição atmosférica, de perda da cobertura vegetal e de risco de extinção de muitas espécies da fauna e flora do planeta, com consequente ampliação dos níveis de dejetos industriais e de poluição. Assim, foi criado um problema coletivo que motivou tanto pactos entre países em fóruns internacionais como a eclosão de movimentos ambientalistas em diferentes lugares do mundo.

Ademais, no campo intelectual é possível verificar um consistente adensamento das reflexões sobre os problemas ambientais. Em um contexto de Guerra Fria, ramos emergentes como a economia política internacional, a análise de política externa, os processos de tomada de decisão e o neorrealismo concebiam, no máximo, a dimensão ecológica como epifenomenal. Tal efeito antiaderente das teorias das Relações Internacionais (TRI) à temática ambiental foi sendo minado ao longo dos anos 1970 e 1980, quando a comunidade internacional percebeu a necessidade de intervir mais detidamente em alguns processos, como a crescente e ininterrupta poluição de rios, oceanos e da atmosfera, a erosão da biodiversidade e a questão dos buracos na camada de ozônio e das mudanças climáticas.

Em 1972, uma pesquisa recomendada pelo Clube de Roma – grupo de personalidades da elite ocidental –, liderada por Dennis e Donella Meadows, resultou no relatório "Limites ao Crescimento" (*Limits to Growth*). O relatório construiu três cenários baseados em cinco variáveis (população, produção de alimentos, produção industrial, poluição e consumo de recursos não renováveis). A mensagem era que se a humanidade mantivesse o ritmo de crescimento daquele modelo de desenvolvimento seríamos conduzidos, em algum momento no século XXI, ao colapso do sistema econômico e à obliteração populacional, o que poderia ser evitado pela combinação de mudanças comportamentais e evolução tecnológica.

Naquele momento, avançou-se na construção de um primeiro quadro normativo de referência do que se convencionaria chamar de Acordos Multilaterais Ambientais (AMA). A Conferência de Estocolmo (1972) lançava formalmente o debate global sobre o nexo desenvolvimento e sustentabilidade, propondo acompanhamento científico sobre tendências de longo prazo nos constituintes e propriedades atmosféricas geradoras de mudanças no clima. Tal debate resultou no Programa das Nações Unidas para o Meio Ambiente (PNUMA), voltado à identificação e análise de problemas ambientais globais, ao desenvolvimento de programas e convenções ambientais regionais e internacionais e à promoção da ciência e da informação ambientais. Caberia ao PNUMA apoiar os países em desenvolvimento a implementar políticas e práticas em temas como recursos hídricos, mamíferos marinhos, recursos de energia renovável, desertificação, florestas e quadro jurídico ambiental.

Na esteira da Conferência de Estocolmo, celebrou-se a Convenção sobre Poluição Atmosférica Transfronteiriça de Longo Alcance, no âmbito do programa Earth Watch, para monitorar e avaliar o transporte de longo alcance de poluentes atmosféricos, que seria o primeiro instrumento internacional sobre o clima. Em 1980, o PNUMA consolidou a preocupação internacional com os danos à camada de ozônio, recomendando medidas para limitar a produção e o uso de alguns tipos específicos de clorofluorcarbonos. O caminho estava aberto para a Convenção de Viena para a Proteção da Camada de Ozônio (1985) e para o Protocolo de Montreal (1987), que estabeleciam medidas de precaução objetivando controle e eliminação das emissões globais de GEE com base em conhecimento científico e considerações técnicas e econômicas. O Protocolo de Montreal seria um dos instrumentos mais eficazes da política ambiental global, tendo conseguido induzir a recuperação da camada de ozônio em certas regiões do planeta.

Os desdobramentos práticos da política internacional foram tornando as teorias internacionais "mais verdes", partindo de uma ética específica e criando nexos entre ramos normativos (direitos, justiça, democracia) e da economia política (políticas de Estado, economia e meio ambiente) e vinculando responsabilidade ecológica, justiça social e democracia. Assim, o fim da Guerra Fria conformou uma onda de reinterpretações de conceitos e discursos teóricos, particularmente de crítica ao capitalismo industrialista e de seu suposto progresso absoluto e linear; de desconstrução do argumento da modernização das sociedades sem responsabilização perante um otimismo falacioso dos avanços tecnológicos; e da percepção de que os sujeitos e a natureza faziam parte de um *continuum*.

No campo da práxis internacional, a publicação do Relatório Brundtland (1987) conseguiu inserir preocupações ambientais nas discussões sobre crescimento econômico. Estava aberto o caminho para a instalação da Conferência Rio-92, que apresentou à comunidade internacional a noção de desenvolvimento sustentável como um conceito político, uma crença que deveria ser adotada de maneira generalizada para guiar países e suas sociedades. Dentre as resultantes da Rio-92, destaca-se uma tríade normativa de grande envergadura para a política ambiental global: a Convenção sobre Diversidade Biológica (CDB), de conservação da diversidade biológica por meio do uso sustentável de seus componentes e da distribuição justa e equitativa dos benefícios derivados da utilização dos recursos genéticos; a Convenção-Quadro das Nações Unidas sobre Mudanças Climáticas, que se tornou a base para a cooperação internacional sobre as questões técnicas e políticas relacionadas ao aquecimento global; e a Convenção das Nações Unidas para o Combate à Desertificação (UNCCD, na sigla em inglês), instrumento especializado de atenção à degradação da terra em ecossistemas mais vulneráveis e seus impactos sobre as pessoas.

Ademais, a Rio-92 deixou como legado a chamada Agenda 21, um referente para a tomada de decisões ambientalmente sensíveis e um marco para que a sociedade internacional identificasse prioridades, angariasse os meios necessários e concentrasse esforços para alcançar metas em torno das dinâmicas demográficas e sustentabilidade, projeção e promoção das condições da saúde humana, promoção da qualidade do abastecimento dos recursos hídricos, bem como a promoção do desenvolvimento sustentável dos assentamentos humanos. A Agenda 21 foi elaborada para enfrentar o dilema crescimento *versus* desenvolvimento ao reforçar a relevância da sustentabilidade e da inclusão, impactando uma geração de profissionais determinados a transformar o modelo de relacionamento do homem com o meio ambiente, por exemplo, pela criação de grupos de trabalho e núcleos de estudo e pesquisa em diferentes segmentos da sociedade brasileira. Em síntese, a Rio-92 deixaria como legado uma série de princípios relacionados à governança da PAG e que construiriam as bases para uma agenda global de desenvolvimento.

Nada obstante, ao longo dos anos 1990, os desafios ambientais se agudizaram. Desertificação, degradação de terras e secas continuaram agravando os problemas econômicos e sociais como pobreza, problemas de saúde, insegurança alimentar, perda de biodiversidade, escassez de água, redução da resiliência às mudanças climáticas e deslocamentos populacionais e migração forçada. No campo intelectual, fortalecia-se a crítica à instrumentalização dos recursos naturais, tais como a apropriação e uso indevidos dos recursos da natureza, o descaso com o sujeito (comunidades locais) e a perpetuação de uma ética destrutiva, resultantes da irracionalidade ecológica dos imperativos do mercado e Estado.

Um segundo quadro normativo começou a se constituir com os processos de revisão periódica da Rio-92. Ainda que a trajetória da PAG aponte uma prevalência de atenção dada aos acordos climáticos, é relevante ressaltar a multiplicidade dos AMA relacionando convenções e protocolos sobre espécies ameaçadas da fauna e flora silvestres, substâncias que destroem a camada de ozônio, controle de movimentos transfronteiriços, resíduos perigosos e seu descarte e sobre pesticidas e produtos químicos contaminantes.

Em 1997, instala-se o Protocolo de Kyoto, outro instrumento significativamente marcante que delineou focos de atuação da comunidade internacional em relação às mudanças climáticas, com uma inovadora abordagem regionalista. Ainda que inicialmente tivesse enfocado na redução de emissões apenas para os países industrializados, foi sendo ajustado com a inclusão dos debates subsequentes por meio de novas instruções normativas contidas nos anexos ao acordo principal. Além disso, o Protocolo de Kyoto estabeleceria as bases das respostas econômicas ao dilema ambiental, particularmente em mercantilizar as externalidades negativas. Primeiro, abriu caminho para soluções em tecnologias de energia renovável, que pudessem ser ao mesmo tempo competitivas, eficientes e que levassem à redução dos desperdícios. Segundo, na regulação das formas de captura e estoque de carbono (CCS, na sigla em inglês), particularmente os meios de sequestro do monóxido de carbono gerado pelo setor de transporte, de carvão mineral e gás natural. Terceiro, pelo desenvolvimento do comércio de emissões de carbono, particularmente atraindo as grandes corporações para participar desse esquema e com isso garantir a sua participação na preservação do meio ambiente. Quarto, no desenvolvimento de um ramo específico da agricultura de baixo carbono.

Em 2002, a Conferência de Johanesburgo produziu três resultados práticos: uma declaração política (Declaração de Johanesburgo sobre o Desenvolvimento Sustentável); um Plano de Implementação; e um acordo não negociado contendo compromissos de parceria entre governos e outras partes interessadas, incluindo organizações empresariais e não governamentais. Os estudos técnicos já apontavam que a comunidade internacional estava fora dos trilhos no tocante ao combate à fome e aos impactos de doenças relacionados à degradação ambiental. Para tanto, se propunha o fortalecimento das redes de políticas públicas globais para pensar e agir sobre as lacunas criadas no avanço desenfreado da globalização, liberalização dos mercados e da revolução da informação. Particularmente, se buscava enquadrar a responsabilidade corporativa e a melhoria contínua nas práticas corporativas em todos os países. De fato, havia uma legítima preocupação com os impactos do abismo entre ricos e pobres, o que representaria uma grande ameaça à estabilidade e segurança globais.

Em 2006, o governo do Reino Unido apresentou um relatório sobre os impactos econômicos da mudança climática global. O chamado Stern Review tornou-se uma referência e passou a ser citado por estudiosos que buscavam ligar a mudança climática e a eclosão de conflitos, pois a falha em responder a mudanças do clima poderia colocar em risco o funcionamento das atividades econômicas e sociais e justificaria, portanto, uma narrativa de securitização climático-ambiental e a adoção de medidas de segurança ambiental.

Em 2007 houve o reconhecimento pela comunidade internacional do papel desempenhado pelo Painel Intergovernamental de Mudanças Climáticas (IPCC, na sigla em inglês) – premiado com o Nobel da Paz juntamente com Al Gore, então vice-presidente dos EUA – em estabelecer consensos com base em pesquisas científicas sobre as conexões entre as atividades humanas e o aquecimento global. Criado em 1988, o IPCC levaria uma década para ser acreditado junto à comunidade internacional como um dos pilares fundamentais de um regime internacional de proteção ao meio ambiente, congregando expertises científica e política, o que daria à sua identidade um caráter singular com autoridade e credibilidade para abordar o dilema ambiental. O IPCC tem trabalhado em torno de relatórios de avaliação, com base no que se convencionou chamar de "melhor ciência disponível" (acumulado do conhecimento científico). Com isso, o IPCC também contribui para a ciência do meio ambiente, ao identificar incertezas e sementes de futuro (utilizadas em construção de cenários), criando espaços de interação e coordenação intelectual e estimulando o papel da cooperação internacional.

Ainda em 2007, não só o IPCC lançaria o seu Quarto Relatório de Avaliação (AR4), criando as bases para um acordo pós-Kyoto, com foco em limitar o aquecimento a 2°C, como forjou as linhas das negociações da COP 13 em Bali (2007) e o chamado *road map* para se alcançar um futuro climático seguro. O tom das negociações da Conferência de Copenhagen (2009) foi ajustado e o debate nas Nações Unidas não era se as mudanças climáticas estavam em curso, mas se nós seríamos capazes de mudar suficientemente rápido diante dessa emergência. Naquele momento, ficou evidenciada a entrada dos entes subnacionais no jogo da política ambiental global. Workshops, reuniões e encontros de alto nível passaram a considerar a relevância de se integrar e coordenar o planejamento e práticas de adaptação às mudanças do clima em diferentes setores e em diferentes níveis para além do internacional. O nível subnacional – em diferentes escalas (províncias, municípios, comunidades urbanas e rurais) – passaria a ser considerado no planejamento e práticas de mitigação e adaptação às mudanças climáticas.

Nesse segundo ciclo de constituição do regime de proteção ambiental, foram estabelecidos alguns instrumentos importantes que estão vigentes até hoje na política internacional. Como os mecanismos de desenvolvimento limpo (MDL) e das ações nacionais de mitigação (NAMA, na sigla em inglês) e o mecanismo de Redução de Emissões de Desmatamento e Degradação Florestal. Este, chamado de REDD+, tem tido papel relevante em balizar a conservação, do manejo sustentável e do aumento de estoques de carbono nas florestas, indo além do desmatamento evitado e da recuperação de florestas. O REDD+ orienta os atores a criar políticas de mitigação das mudanças climáticas: redução das emissões derivadas de desmatamento e degradação das florestas; aumento das reservas florestais de carbono; gestão sustentável das florestas; conservação florestal.

Em 2012, abre-se um novo ciclo de construção normativa-institucional da política ambiental global. A Conferência das Nações Unidas sobre Desenvolvimento Sustentável (Rio+20), ocorrida de 13 a 22 de junho de 2012, no Rio de Janeiro, resultou em importante marco, denominado "O Futuro que Queremos", consolidando o conceito de desenvolvimento sustentável. Vale lembrar que o Brasil recebeu apoio de alguns países em desenvolvimento, mas não de países e regiões desenvolvidas, como a União Europeia, que procurou alterar as proposições brasileiras naquele momento.

O papel do Brasil na Conferência Rio+20 foi destacado ao tentar liderar pelo exemplo – a partir da premissa das responsabilidades comuns, mas diferenciadas – a conformação de compromissos que levassem em consideração os diferentes estágios de desenvolvimento em que se encontram os países na política global. Ainda que o documento final, "O Futuro que Queremos" tenha sido bastante criticado por suas fragilidades, acabou inaugurando um novo ciclo de institucionalidades normativas, agora não apenas para a arena ambiental, como será visto no capítulo "Populações e desenvolvimento global". A novidade estaria em um modelo de governança complexa que interligaria 17 grandes temas entre si.

Em 2013 e 2014, as COP-19 (Varsóvia) e 20 (Lima) pavimentaram o caminho para um novo acordo global do clima que pudesse substituir os compromissos do Protocolo de Kyoto. Um dos principais instrumentos gestados foram as chamadas Contribuições Pretendidas Nacionalmente Determinadas (iNDC, na sigla em inglês), que seriam as contribuições que os governos aportariam em termos de redução nas emissões de GEE, à luz de suas circunstâncias nacionais, e que deveriam ser apresentadas de forma clara e transparente. As iNDC seriam redefinidas a cada cinco anos, na medida em que a comunidade internacional pudesse averiguar o progresso ou não dos esforços de mitigação.

Em 2015, A Conferência de Paris (COP-21) procurou avançar no fortalecimento normativo e institucional da governança global sobre mudanças climáticas. O Acordo de Paris firmou pontos sobre mitigação, adaptação, financiamento, tecnologia e capacitação, se preocupando em criar mecanismos de transparência, para que as ações tomadas pelos países fossem devidamente monitoradas e avaliadas. Ainda que mantivesse uma abordagem flexível e pouco vinculativa, foi cristalizada a prática das iNDC como referencial a ser buscado pelos países. Outra dimensão pouco falada seria em relação ao reconhecimento do papel dos povos indígenas, que atuaram ao longo dos dias de negociação em uma estratégia de visibilização e garantindo, pelo menos, referências específicas aos direitos humanos de povos tradicionais e aos direitos indígenas no preâmbulo do acordo.

Entre 2012 e 2015, a comunidade internacional trabalharia incessantemente em três grandes frentes: revisar os principais processos negociadores da década das conferências (1990); revisar e dar publicidade aos resultados alcançados com a agenda do milênio e os Objetivos do Milênio (ODM) (2000-2015); construir as metas e indicadores que deveriam dar conteúdo aos 17 Objetivos de Desenvolvimento Sustentável (ODS) da Agenda 2030 (2015-2030) – processo levado cabo por meio de inúmeras reuniões de um grupo *ad hoc* intergovernamental de trabalho composto de representantes de cerca de 70 países.

Nesse período, vale pontuar a adoção, em 2018, do Acordo Regional sobre o Acesso à Informação, à Participação Pública e o Acesso à Justiça em Assuntos Ambientais, também conhecido como Acordo de Escazú. Após seis anos de negociações, tornou-se o primeiro tratado ambiental da América Latina a oferecer uma plataforma pioneira para se avançar rumo ao acesso pleno à informação, à participação, além da consulta e da justiça ambiental. De fato, o Acordo de Escazú tornou-se importante marco para o fortalecimento da democracia ambiental e da multiculturalidade da América Latina, do Caribe e de seus povos. Está fundamentado no Princípio 10 da Rio-92, que aponta que a melhor maneira de tratar as questões ambientais é assegurar a participação, no nível apropriado, de todos os cidadãos interessados, sendo que os Estados devem "facilitar e estimular a conscientização e a participação popular", proporcionando o acesso efetivo a mecanismos judiciais e administrativos, inclusive no que se refere à compensação e à reparação de danos. Trata-se de iniciativa pioneira na criação de marco internacional ambiental na América Latina com esse perfil específico, sendo também o primeiro acordo internacional a estabelecer garantias específicas para a proteção dos chamados defensores ambientais. Lembrando que, no Brasil, estados como Pará e Amazonas são responsáveis pelo aumento da violência no campo contra defensores de direitos humanos. O Acordo de Escazú entrou em vigor em 22 de abril de 2021 e suas negociações contaram com a participação ativa da sociedade civil como uma das características marcantes para as Relações Internacionais do Brasil.

DESAFIOS E NARRATIVAS DA POLÍTICA AMBIENTAL GLOBAL

Um primeiro desafio refere-se ao tema do *accountability* – tornar os agentes internacionais, fundamentalmente Estados e atores não estatais, responsáveis por suas ações em relação ao meio ambiente. Ao longo das últimas décadas, dois dispositivos têm sido acessados nas negociações internacionais: um que atribui aos países responsáveis por danos ambientais a responsabilidade com os custos de resolução do problema e reparação dos danos (Princípio do Poluidor Pagador); e outro em que os países beneficiados com atividades indutoras de mudança do clima deveriam arcar com os custos de mitigação e adaptação, compensando os países afetados (Princípio do Pagamento do Beneficiário).

Um segundo desafio refere-se ao dilema realismo político negociador e justiça ambiental. Por um lado, países e lideranças políticas se apegam a essa noção de que a atmosfera é um bem global comum e que todos teriam direito de acessá-la para suas pesquisas ou poderiam emitir a mesma quantidade de GEE, independentemente de sua localização geográfica ou posição na hierarquia global. Entretanto, é preciso refletir criticamente sobre os diferentes níveis de impacto das emissões em grupos populacionais diversos, em diferentes regiões do planeta.

Uma crença fundante da justiça ambiental refere-se a uma perspectiva reparadora dos danos já causados ao meio ambiente. Ao mesmo tempo em que aqueles que poluem mais deveriam pagar mais caro pela preservação e recuperação do meio ambiente, os países que mais emitem GEE deveriam reduzir drasticamente suas emissões em comparação com aqueles que têm emitido menos. Nessa mesma linha, os encargos da mitigação e adaptação das mudanças do clima deveriam ser compartilhados entre todos os países (responsabilidades comuns), garantindo, contudo, que as obrigações daqueles que embarcaram tardiamente na empreitada do desenvolvimento fossem relativizadas em relação àqueles já considerados desenvolvidos (porém, diferenciadas).

Outro desafio refere-se aos fatores críticos que, separadamente ou combinados, são capazes de gerar mudanças, inflexões ou rupturas. Os impactos econômicos das mudanças do clima têm sido acessados para sensibilizar uma parcela relevante da sociedade, mas que tem se mantido distante desse debate, como bancos, seguradoras, financeiras e os principais agentes da economia internacional. Os riscos existenciais estariam ligados à emergência de um "cisne verde", ou um evento climático e ambiental potencialmente perturbador dos alicerces econômicos, afetando a estabilidade comercial e financeira do mundo e que poderia ser responsável pela próxima crise financeira global.

Note-se que esse conjunto de fatores críticos advém das externalidades econômicas desenvolvimentistas que afetam o nexo água, energia e alimentos. A mineração em áreas protegidas e terras indígenas, bem como a poluição e dejetos da indústria e os constantes vazamentos químicos afetam o solo agricultável e deixam rastros de poluição nos rios e lençóis freáticos; o desmatamento da floresta para utilização da lenha e implantação do pasto para a pecuária impacta diretamente nos fatores de subsistência familiar e comunitária; grandes obras, como rodovias e hidrelétricas, precipitam desastres socioambientais; a produção de alimentos em larga escala e a produção de biocombustíveis demandam muita água e invariavelmente substituem as áreas da agricultura familiar, gerando insegurança alimentar de populações locais.

Além disso, em um contexto de governança complexa, é preciso adotar uma perspectiva multidimensional para identificar outros fatores críticos que ameaçam a segurança ambiental e potencializam o papel do racismo ambiental. Por exemplo, a pobreza e as desigualdades são consideradas fatores intensificadores das consequências das mudanças climáticas, na medida em que populações em situação de vulnerabilidade sofrem muito mais com a deterioração dos ecossistemas locais advindos de eventos tais como alagamentos, enchentes, escassez de energia e alimentos, violências estruturais e surtos epidêmicos.

Mais um desafio a ser destacado advém do nexo entre gênero e meio ambiente como eixo de preocupação da política ambiental global. Pesquisas têm apontado que a vulnerabilidade de gênero às mudanças climáticas não se deve a características intrínsecas às mulheres como um grupo, mas às condições sociais, econômicas e culturais que tornam as mulheres mais suscetíveis às consequências das mudanças climáticas. A não garantia de direitos sexuais e direitos reprodutivos, bem como as desigualdades nas condições de trabalho e representação política, asseveram a vulnerabilização de mulheres e meninas, muito mais atingidas pelas consequências das mudanças climático-ambientais (pobreza, fome, saúde, educação, propriedade e renda).

Por fim, um outro desafio refere-se ao lugar dos deslocados e refugiados ambientais. A escassez de recursos essenciais (água e alimentos) juntamente com inviabilizações das condições de vida (moradia) por desastres ambientais e fenômenos relacionados às mudanças climáticas podem levar a lutas internas e migração forçada de grupos e comunidades. O crescimento dos refugiados ambientais acarreta instabilidades transnacionais crescentes, afetando inclusive a situação das comunidades indígenas, que estão intimamente ligadas ao meio natural.

* * *

Uma das narrativas mais acessadas e marcantes nos principais relatórios oficiais das agências da ONU e em instituições econômicas e financeiras é a da catástrofe iminente. Regiões costeiras inundadas, incidência crescente de furacões e tempestades tropicais, eventos climáticos extremos, resultando numa perda de vidas em larga escala, desenham um cenário nebuloso para o mundo neste século XXI. Essa visão é exaltada na mídia e no cinema internacional e pode ter um duplo efeito, tanto de gerar aderência às políticas de combate às mudanças climáticas – fazendo as pessoas mudarem seu comportamento –, como paralisar as pessoas, induzindo à alienação e fuga da realidade. Uma reflexão mais detida sobre a chamada mudança climática catastrófica procura explicar, com base em dados, que algo dessa magnitude poderá ser desencadeado se a humanidade mantiver o curso de romper um ou mais pontos de inflexão dos limites planetários, particularmente se não houver uma contenção do aumento na média global de temperatura. Isso porque o efeito estufa se juntaria a modificações nos níveis de acidificação dos oceanos e à extinção de espécies em grande escala, além dos riscos de insegurança alimentar global, para desestabilizar a normalidade das atividades humanas na Terra.

Vem ganhando força também a questão que se refere ao direito humano a um ambiente seguro, limpo e saudável. Como é sabido, o direito à água não é abordado especificamente em acordos internacionais, aparecendo em algumas declarações e embutido no ODS 5 de maneira genérica, o que faz toda a diferença em termos de obrigações e responsabilidades internacionais. Nesse caso, o relatório da ONU "Direito Humano ao Ambiente Seguro Limpo e Saudável" (2018) pretende justamente induzir a mudança de comportamento e, logo, da cultura, pela formalização perante a sociedade global do entendimento normativo e institucional emanados de uma norma cogente. Com isso, seria possível enquadrar normativamente, no plano mais geral dos direitos humanos, as necessárias internalizações em Estados e subnacionalidades das regras e procedimentos de adequação de políticas públicas já em curso e outras que sejam vitais à existência humana.

Outra narrativa, ainda, procura valorizar a ideia de vivermos em um pluriverso, no qual ideias, valores e concepções de povos e comunidades indígenas e tradicionais são tão relevantes para lidar com a crise ambiental quanto a das civilizações ocidentais. Uma das suas principais visões de mundo é a não instrumentalidade da natureza, uma vez que não há separação entre a natureza e o sujeito. Sujeitos estão conectados física, espiritual, emocionalmente ao meio, logo, à natureza. Essa narrativa tem sido adotada para tentar mudar a própria ontologia do campo das Relações Internacionais. Esse ambiente natural não humano deixa de ser a essência e cede lugar a uma concepção de que somos parte integrante de sistemas socioecológicos complexos multiníveis, que conectam o local ao global e planetário.

Nesse contexto, a Amazônia entra no foco das narrativas internacionais, tanto como santuário a ser preservado, um bem comum da humanidade, quanto como espaço a ser internacionalizado. A Floresta Amazônica encapsula um conjunto de atributos em sua flora e fauna que atrai a atenção da comunidade internacional, não apenas por sua beleza, mas pela capacidade reguladora da estabilidade ambiental do planeta. A região vem perdendo parcela substantiva de sua cobertura vegetal devido a uma série de fatores. Particularmente, as queimadas que devastaram importantes biomas brasileiros como Cerrado, Pantanal e Amazônia nos anos de 2019 e 2020 tiveram grande repercussão nas mídias e fóruns globais, acendendo o debate sobre a internacionalização da Amazônia ou atribuição à Amazônia do título de patrimônio do mundo, justificando possíveis intervenções estrangeiras na região. Vale pontuar que já opera há algumas décadas uma rede de cooperação com fundos de países estrangeiros e com recursos humanos de organizações não governamentais, muitas internacionais e com escritórios no Brasil, a favor da restauração e preservação da Amazônia, o que descaracteriza a tese soberanista e militarista da região como santuário intocável.

O conjunto de desafios enfrentados pela região e suas populações podem ser categorizado à luz de dinâmicas e processos globais que ali se fazem presentes. Por um lado, o fortalecimento de uma onda global conservadora e convencionalista – negacionista da ciência, da preservação do meio ambiente e dos direitos das populações que habitam a floresta – tem possibilitado grupos políticos do Congresso Nacional a controlar a criação de unidades de conservação de terras indígenas, fazendo *lobby* pela autonomia de estados e municípios na definição de critérios mais simplificados de licenciamento ambiental, sob a escusa de serem projetos considerados estratégicos e de interesse nacional. Ao mesmo tempo, forças neoliberalizantes globais trabalham politicamente a favor dos interesses de grandes corporações internacionais e das elites econômicas, no sentido de autorizar a mineração em terras indígenas, enfraquecendo a legislação sobre o uso de agroquímicos, isentando atividades de agricultura de larga escala e atividades pecuárias de licenciamento e autorizando a produção de monoculturas que têm impacto devastador no solo, como cana-de-açúcar e soja.

De fato, os problemas são múltiplos. A construção da Transamazônica (BR-230) e de portos para escoamento da produção das monoculturas da soja; a reprimarização da economia brasileira e as pressões dos preços das *commodities* que encontram lugar nas fronteiras agrícolas amazônicas; a extração de recursos naturais, particularmente a mineração, e o desmatamento para venda ilegal de madeira e ampliação da área de pastagem para o gado; e o provimento energético e a construção de hidrelétricas de médio e grande porte são práticas econômicas que têm contribuído para impor uma condição desvalorizada e estigmatizada aos povos amazônidas. Além da criminalização e perseguição de lideranças comunitárias e dos movimentos de luta por justiça socioambiental. Tais questões apontam que a multiplicidade de desafios conectados às mudanças climáticas e à devastação da Amazônia – e de outros biomas estratégicos – coloca em risco a resiliência da região e torna-se fator crítico de pressão sobre os limites planetários. Os múltiplos pontos de pressão constantes sobre o bioma poderiam levar à savanização da floresta, podendo desencadear uma mudança climática catastrófica.

Outra narrativa prevalecente na PAG refere-se ao problema da liderança na arena ambiental global. A inserção dos EUA na política ambiental global foi bastante errática e até mesmo não cooperativa. Sob a administração Bill Clinton e Al Gore, os EUA decidiram se envolver nas negociações de metas vinculativas de redução de emissões, enquanto pressionava por mecanismos de flexibilidade, incluindo o comércio internacional de emissões, apoiando a negociação do Protocolo de Kyoto

(1997), mas que acabou sendo barrado pelo Senado norte-americano. Com George W. Bush (2001-2008), o país se afastou de qualquer pretensão de liderança global, com o argumento de que ratificar e assumir os compromissos de Kyoto prejudicaria a economia americana e de que alguns países estariam sendo beneficiados, como os países em desenvolvimento, particularmente a China.

Na gestão de Barack Obama (2009-2016), muitas intenções e promessas de mudança e comportamento se refletiram em avanços nas áreas ambiental-energética interna, sem necessariamente chancelar o cumprimento de Kyoto. Nada obstante, sob a chancela de Obama, os EUA envolveram-se mais na governança global do clima, assinando o Acordo de Copenhague de 2009, concertando um acordo EUA-China (novembro de 2014) que seria catalisador para alcançar o Acordo de Paris (2015).

Com a chegada de Donald Trump ao poder, estava selado o destino, ainda que momentâneo: a retirada do Acordo de Paris e a suspensão das contribuições financeiras para diferentes instituições, particularmente para o Fundo Verde do Clima (GCF, na sigla em inglês). Os reflexos seriam justamente em afetar a participação de outros países no clube de mitigação das mudanças do clima. A eleição de Joe Biden sinaliza para um retorno dos EUA à mesa de negociações da política ambiental global. Vale ressaltar a mobilização da sociedade civil organizada, como os temas das greves globais para o clima e dos movimentos das juventudes pelo clima, que tiveram muita adesão nos Estados Unidos e na Europa.

O outro lado dessa moeda da liderança aponta para o papel de países em desenvolvimento, especialmente a China. Em Copenhague surge novo arranjo internacional composto por Brasil, África do Sul, Índia e China, denominado então de Basic. O agrupamento tem trabalhado em torno de uma agenda composta de interesses múltiplos, mas minimamente alinhados aos ditames do Sul global, reforçada tanto pelas condições materiais de desenvolvimento e demandas por recursos quanto pela condição hierárquica global de pressões advindas dos países desenvolvidos. Além disso, o Basic tem desempenhado um papel geopolítico relevante em outros fóruns como o G20 da OMC, procurando atuar em torno de pontos comuns para negociações.

Mais ainda, em 2017, China e União Europeia, com participação ativa do Canadá, deslancharam uma iniciativa chamada Coalizão Ministerial sobre a Ação Climática (MOCA, na sigla em inglês), grupo composto por representantes de 34 países para acompanhar a implementação dos compromissos do Acordo de Paris e fomentar a colaboração entre países desenvolvidos e em desenvolvimento, sendo um exemplo de liderança compartilhada chinesa na arena ambiental. De fato, o protagonismo da China na arena ambiental é uma das frentes – juntamente com saúde, finanças e segurança – que têm colocado o país como o principal desafio à preponderância ocidental e dos EUA na construção da ordem global no século XXI.

A difusão e internalização normativa nos territórios compõem outro debate relevante para a PAG. A difusão institucional refere-se ao processo pelo qual características e elementos institucionais e normativos se espalham de uma instituição ou marco normativo para outras organizações por meio de adoção, adaptação e inovação de ideias. A difusão depende essencialmente da forma, da finalidade e dos meios de atuação das organizações que recebem ideias e valores globais em suas localidades. Na agenda ambiental global, é uma dinâmica que conecta instituições intergovernamentais, governos nacionais e agentes locais multissetoriais na construção de um conjunto completo de procedimentos operacionais e regulamentações sobre como lidar com o meio ambiente.

Consoante esse debate, abre-se a reflexão sobre a dimensão subnacional na política ambiental global. O sucesso das medidas de mitigação e adaptação climática-ambiental é fruto de arranjos participativos e de esforços do tipo *bottom-up*, ou seja, que nascem e dinamizam as necessidades identificadas por comunidades locais. As boas práticas de entes subnacionais na territorialização de objetivos e metas globais auxiliam nesse processo de difusão e internalização normativa. Entretanto, essa capacidade de impulsionar a conscientização e a aprendizagem de outros *stakeholders*, depende de um conjunto de fatores tais como condições legais e materiais (marcos regulatórios e infraestrutura que incentivem a cooperação internacional), capacitação dos gestores locais, vontade de liderança, bem como programas internacionais e federais de apoio.

Solução de problemas na PAG

Quadro geral: grande parte dos problemas ambientais globais acaba por afetar grupos populacionais e pessoas que não têm incidência direta sobre os ditames políticos ou mesmo não foram responsáveis pelos processos de degradação ambiental e mudanças do clima que já estão em curso.

Modelo vigente de desenvolvimento: modernização das sociedades via ações do Estado e mercado, ancorada no progresso econômico, busca pelo lucro, materialização de grandes empreendimentos e espoliação dos recursos naturais planetários.

Problema específico: o resíduo industrial é marcantemente produzido por países de alta renda que representam menos de 20% da população global, sendo os maiores poluidores China, União Europeia e os EUA.

Sobre a solução:
- Ampliação da participação popular via ONGs, movimentos sociais e ativistas/defensores ambientais nos debates e ações de proteção e restauração do meio ambiente.
- Contribuição mediante expertise em questões técnicas e de direitos, difusão de normas globais e a internalização de valores e procedimentos nas instituições nacionais, balizando modificações de comportamento local.
- Construção de redes (trans)nacionais diversificadas que reconheçam o lugar de povos indígenas e comunidades tradicionais no desenho de soluções localizadas.
- Destaque para agentes não estatais como indutores da política ambiental brasileira e na inserção global do Brasil, como Instituto Socioambiental (ISA), SOS Mata Atlântica, Greenpeace e WWF Brasil, bem como de centros de pesquisa nas universidades brasileiras.
- Indução de uma educação ambiental crítica e do ensino sobre política ambiental global como meios de se formarem gerações mais conscientes e engajadas.
- Inclusão de conteúdo, pedagogias e espaços de aprendizagem sensíveis ao diálogo sobre sustentabilidade, ambientalismo e desenvolvimento, juntamente com reflexões críticas sobre justiça social, equidade e participação popular.

Populações e desenvolvimento global

AS BASES DA AGENDA DE POPULAÇÕES E DESENVOLVIMENTO GLOBAL

Origens intelectuais

As bases intelectuais da agenda de população e desenvolvimento (PD) remetem ao estudo clássico de Thomas Malthus (1766-1834), *An Essay on Principle of Population* (1798), que alertava para o paradoxo de um crescimento da população em progressão geométrica, em comparação aos meios de subsistência em progressão aritmética. Esse crescimento excessivo da população, em um cenário adverso de escassez, seria freado por restrições políticas (controle de natalidade), morais (abstinência) ou pela própria miséria, que imporia esse limite da subsistência.

Estratagemas geopolíticos desenhados com base nos temores malthusianos seriam, por um lado, uma ameaça, à paz já que populações em crescimento estimulariam governos às guerras de conquista por mais territórios e recursos. Por outro, o crescimento populacional levaria ao desgaste nos padrões de vida de uma sociedade, o que aumentaria o perigo de turbulência doméstica e internacional. Vale pontuar que a formulação original de Malthus mirava o risco do crescimento populacional dos pobres e não da população em geral, o que alimentaria o padrão neomalthusiano de pensamento.

Para os neomalthusianos, políticas de controle da natalidade seriam uma alternativa para incrementar a economia. Caso contrário, o aumento populacional desordenado poderia colocar em risco a sobrevivência da humanidade, seja pelo advento da guerra, da fome, das pandemias e até das mudanças climáticas. Vale a ressalva de que no contexto em que Malthus escreve, no final do século XVIII, a escala da economia era menor e que a mundialização da economia e a ampliação dos polos de produção de alimentos na Austrália e Américas afetariam esse quadro de potencial escassez.

Outro marco intelectual relevante para a construção da agenda de População e Desenvolvimento na política internacional refere-se ao texto do ecologista Garrett Hardin, "A tragédia dos comuns", publicado na revista *Science*, de 13 de dezembro de 1968. Ao mesclar perspectivas malthusianas e darwinistas sociais, Hardin destacaria o que chamou de uma classe de problemas humanos "sem solução técnica". Para ele, nenhum avanço técnico extraordinário estaria à disposição para solucionar definitivamente o problema da superpopulação, o que exigiria da humanidade pensar sobre o futuro e as próximas gerações, despertando para a noção de que o mundo disponível para a população humana é finito. Hardin pontuava profeticamente que o "espaço" não é escapatória. Segundo o autor, um mundo finito pode suportar apenas uma população finita, logo, o crescimento populacional deveria ser igual a zero. Se na natureza o critério é a sobrevivência, seria mais ajustado que uma espécie fosse pequena e adaptável do que grande e poderosa, pois a seleção natural estaria atuando também sobre a espécie humana.

Hardin acreditava que, em algum momento, os seres humanos controlariam sua fecundidade individual de modo a produzir a população ideal. Enquanto isso não fosse possível, a humanidade deveria lidar com o paradoxo que denominou de "tragédia dos comuns". Por um lado, a humanidade é impulsionada, pelo modo de produção, a ampliar a sua base produtiva – adicionando mais animais aos rebanhos ou usando mais água nas lavouras ou mais energia nas indústrias ou explorando mais todos os recursos naturais do planeta. Por outro, os efeitos negativos desse processo são compartilhados por todos os habitantes do planeta, tanto aqueles envolvidos diretamente nos processos produtivos como o restante da população. Assim, a tragédia dos comuns aponta para o fato de que cada pessoa está presa a um sistema que a obriga a ampliar sua base produtiva sem limites, em um mundo que é limitado. A ruína seria o destino final da humanidade, caso não consiga lidar coletivamente com os bens comuns.

Outra contribuição intelectual interessante vem com o artigo de Arvid Pardo, "Who Will Control the Seabed?". Diferentemente de Hardin, Pardo chamava a atenção para o impacto dos avanços tecnológicos no destino dos recursos naturais do planeta. Os rápidos e contundentes avanços tecnológicos e o aprofundamento do conhecimento sobre os oceanos (e tudo relativo a recursos contidos no planeta), com o despertar de interesse estratégico, militar, econômico e ambiental, tanto da iniciativa e capital público quanto privado. O autor apontava como deveríamos nos comportar nesse contexto, com a conjunção entre a crescente importância dos recursos oceânicos e o rápido progresso tecnológico para o futuro da humanidade. A descoberta de vastos recursos minerais nos oceanos era exemplo de que mais recursos se tornariam acessíveis e exploráveis para uma variedade de propósitos, como militares, estratégicos e econômicos. Além disso, Pardo havia notado essa inclinação realista dos governos em se apropriar unilateralmente de todas as áreas do fundo do mar que são acessíveis e parecem ter algum valor econômico.

O freio a esse ímpeto imperialista estaria no Direito Internacional e, particularmente, nas disposições da Convenção de Genebra de 1958 sobre a plataforma continental. A Convenção, que entrou em vigor em 1964, reconhecia que um Estado costeiro tem direitos soberanos, para fins de exploração e aproveitamento de recursos naturais, sobre sua plataforma continental. Pardo acreditava que, por se tratar de um bem comum da humanidade, os oceanos e seus recursos deveriam ser disciplinados por um regime internacional. Alertava também para o perigo de uma corrida armamentista no fundo dos mares e para a necessidade de torná-lo espaço livre de armas. Em suma, clamava para que se garantisse que as profundezas do mar e dos oceanos fossem preservadas como um legado de todos os seres humanos para as gerações seguintes.

> **Critérios básicos de um regime internacional segundo Pardo:**
>
> 1. **Viabilidade**: seria aceito pela maioria dos Estados, salvaguardando tanto quanto possível os legítimos interesses de todos.
> 2. **Organização**: deveria encorajar uma exploração pacífica e organizada, economicamente eficiente dos recursos do fundo do oceano, com atenção especial para se evitarem danos graves para o ambiente marinho ou o estímulo à competição destrutiva entre potências.
> 3. **Flexibilidade**: deveria ser flexível para acomodar novos desenvolvimentos envolvendo usos concorrentes de mar e do fundo do mar.
> 4. **Orientação para a ciência**: deveria ser baseada no estímulo à pesquisa científica.
> 5. **Segurança**: não deveria comprometer a segurança vital dos países, mas fornecer um quadro jurídico para conter a eventual militarização do fundo do oceano.

Outra contribuição intelectual assenta-se nos estudos de Elinor Ostrom, autora do trabalho basilar *Governing the Commons* (1990) e ganhadora do Prêmio Nobel de Economia (2009). Ostrom contribui com uma abordagem policêntrica ao propor a estruturação da governança global, mediante ação coletiva, para lidar com os bens comuns, ampliando os limites analíticos focados no Estado e/ou mercado. Para a autora, os bens comuns exigem uma governança que envolvesse pessoas, organizações, empresas e governos, pelo estímulo de esforços cooperativos e coordenados em múltiplos níveis, do global ao local. Não seria factível, portanto, pensar em amplas soluções acordadas globalmente nos fóruns multilaterais se não estivessem apoiadas em esforços nacionais, regionais e locais. Nesse caso, a governança dos comuns demandaria experiências em escalas de pequeno e médio porte, ligadas entre si em redes de monitoramento e compartilhamento de práticas e informações para garantir o funcionamento de um acordo global.

Essa linhagem intelectual aproximou não apenas os campos da demografia, ecologia e Relações Internacionais, como também abriu espaço para o desenvolvimento de conceitos relevantes para se compreender o desenvolvimento global de outras maneiras. Reforçou a noção de que para lidar com recursos compartilhados por países e regiões é essencial desenvolver mecanismos de governança, como regimes internacionais. Abriu caminho para um entendimento de que alguns recursos pertencem a todos nós, incluindo nossas gerações futuras, e de que não podemos ter direitos ou responsabilidades negados em relação a eles, o que levaria à constituição do conceito de Patrimônio Comum da Humanidade. Ademais, algumas áreas-assunto se tornaram tão estrategicamente relevantes a ponto de serem reconhecidas como bens comuns globais. Os chamados *"global commons"* podem incluir espaços além das jurisdições nacionais, relacionando recursos essenciais do planeta Terra com as preocupações e ações dos agentes políticos, como a conservação da biodiversidade e a proteção dos oceanos.

Populações importam na política internacional

Estudos sobre populações importam porque população é poder. A evolução dos fluxos demográficos e suas implicações fazem parte dos principais processos estruturais que fornecem informações sobre a conjuntura atual, sobre tendências do passado e para a construção de cenários plausíveis sobre o futuro da política internacional. De fato, estimativas e projeções populacionais podem auxiliar os governos a incorporar essas informações nas políticas públicas e no planejamento do desenvolvimento, bem como antecipar tendências futuras de ação.

A discussão, entretanto, é um pouco mais complexa do que a simples correlação entre as tendências estruturais do aumento da população e da demanda por alimentos. A demografia é considerada uma das forças profundas da história das Relações Internacionais, uma vez que as transformações demográficas liberam forças capazes de moldar os resultados das políticas sociais e econômicas no longo prazo.

> **Fatores demográficos de destaque para a sociedade global**
>
> 1. **Mortalidade**: há uma tendência consistente de queda acentuada nas taxas de mortalidade em todas as partes do mundo, o que molda a estrutura etária das sociedades.
> 2. **Fecundidade**: em países com alta natalidade, uma queda da fecundidade pode renovar as condições de crescimento e desenvolvimento; em países marcados pela baixa fertilidade e/ou emigração, um aumento da fecundidade pode impulsionar oportunidades de desenvolvimento.

> 3. **Envelhecimento**: a população mundial tem experimentado o contínuo aumento da longevidade, o que gera novas oportunidades atreladas à economia do cuidado, bem como desafios relativos às desigualdades entre países e regiões.
> 4. **Migração**: se tornou uma importante força de incremento populacional e mudança em algumas partes do mundo, bem como fator desestabilizador por alguns eventos de ruptura, como conflitos e desastres ambientais.
> 5. **Transição demográfica**: tende a criar possibilidades demográficas que potencializem o crescimento da economia e do bem-estar social da população, porém, igualmente, a ampliar as graves desigualdades sociais que marcam a sociedade global.

Cada país enfrenta esses desafios de maneiras muito particulares. O exemplo dos países Brics (Brasil, Rússia, China, Índia e África do Sul) é interessante por espelharem outros casos do Sul global. Por um lado, a superação da pobreza rural e urbana, o forte desnível regional, desigualdades econômicas, bem como gargalos sociais (como analfabetismo, fome e desigualdades de gênero) afetam a expectativa de vida e o potencial do bônus demográfico. Por outro, a bifurcação entre uma grande parcela da população vivendo e trabalhando no campo, em detrimento de um rápido e desordenado processo de urbanização, gera desequilíbrios e instabilidades em muitos países e regiões. Por fim, o avanço concomitante de novas epidemias e doenças negligenciadas interferem na capacidade produtiva de diferentes grupos populacionais, especialmente as juventudes.

Percebe-se que os desafios para o desenvolvimento global não estão apenas relacionados a questões comerciais, das altas finanças e da segurança internacional, mas também a problemas diretamente afeitos aos diferentes grupos populacionais que coabitam países e regiões. Alguns dos desafios compartilhados por países em desenvolvimento são a melhoria na prestação de serviços públicos essenciais, como educação e saúde, sua extensão a uma parcela maior da população, gerando níveis mais elevados de crescimento inclusivo e o concomitante aumento do emprego para reduzir as desigualdades.

Especificamente países de grandes dimensões geográficas e populacionais, como Brasil, Rússia e Índia, carregam desafios e potencialidades constitutivos de suas identidades. Por um lado, podem se beneficiar do dividendo demográfico – período no qual um país abriga grande contingente populacional de adultos em idade produtiva, o que oferece uma janela de aceleração do desenvolvimento. Ao mesmo tempo, a emergência e consolidação de uma classe média com ampliação de seu poder aquisitivo é capaz de fomentar a economia nacional. Por outro lado, vários indicadores sociais, como persistência da pobreza, níveis elevados de insegurança e corrupção, bem como fraqueza das instituições, criam um efeito arrasto – uma força de resistência – contrário à decolagem de suas economias nacionais e de sua inserção internacional.

Com base em dados do relatório 2019 sobre a situação global da população, produzido pelo Departamento de Assuntos Econômicos e Sociais da ONU, é possível capturar a agenda de PD se definindo em termos de quatro megatendências: crescimento populacional, envelhecimento populacional, migração e urbanização – com as implicações da conjunção dessas megatendências para a agenda de PD para o desenvolvimento nas dimensões econômica, social ambiental e institucional.

Uma primeira tendência é a de que os países da África Subsaariana representem mais da metade do crescimento da população mundial entre 2019 e 2050, e que a região continue crescendo até o final do século. Por contraste, populações de Ásia, América Latina e Caribe, Europa e América do Norte devem atingir um pico populacional em breve, enfrentando uma diminuição antes do final deste século. Segundo, mais da metade do aumento projetado na população global até 2050 será concentrada em apenas nove países: a República Democrática do Congo, Egito, Etiópia, Índia, Indonésia, Nigéria, Paquistão, Tanzânia e EUA. Projeta-se que a Índia ultrapasse a China como o país mais populoso do mundo por volta de 2027. Terceiro, a expectativa de vida da população mundial atingiu 72,6 anos em 2019, uma melhoria de mais de 8 anos desde 1990. O conjunto de avanços tecnológicos e avanços das políticas públicas projetam resultados melhores na duração média de vida global para cerca de 77,1 anos em 2050.

Embora tenha havido progressos consideráveis favoravelmente à longevidade global, as diferenças e desigualdades permanecem grandes. Por um lado, o rápido crescimento populacional impõe pressões sobre os limites planetários, uma vez que países menos desenvolvidos estão entre aqueles mais inclinados a utilizarem sua transição demográfica como instrumento de desenvolvimento. Vale a ressalva de que a pressão sobre os limites planetários é também ampliada pelo modelo de desenvolvimento dos países ricos, sendo insustentável aos países mais pobres seguir tal modelo. Por outro lado, a expectativa de vida em vários países do Sul global permanece abaixo da média, devido em grande parte a níveis persistentes e elevados de mortalidade infantil, de mortalidade materna, pelo impacto contínuo do HIV/aids e pela violência dos conflitos localizados. Além disso, vários países, como os Estados-ilha e as comunidades locais, estão mais vulneráveis aos efeitos das mudanças climáticas, como variações no nível do mar e regimes de chuva.

A migração internacional é outra força de mudança populacional. Entre 2010 e 2020, países receptores, como Jordânia, Líbano e Turquia, sofreram com os movimentos de refugiados, em particular provenientes da Guerra Civil Síria. Outros países vivenciam uma saída de contingente populacional por movimentos temporários de trabalho, como Bangladesh, Nepal e Filipinas. Em outros, incluindo Síria (-7,5 milhões), Venezuela (-3,7 milhões) e Mianmar (-1,3 milhão), insegurança e conflito conduziram à redução populacional pela migração ao longo da década.

Populações têm importância para a sociedade global na medida em que definem desafios correntes e tendências futuras, moldando as negociações internacionais e o posicionamento em conferências globais. Níveis elevados de fecundidade demandam concertações para atender às necessidades de número crescente de crianças e jovens. Níveis declinantes de fecundidade estimulam o dividendo demográfico, mas exigem coordenação de políticas de valorização do capital humano, como acesso à saúde, educação e oportunidades de emprego. Os países com populações envelhecidas devem adaptar programas públicos ao crescimento da proporção de idosos. Assim como interessa a todos os países adotar medidas relacionadas à migração, no sentido de garantir direitos e preservar a segurança e estabilidade da ordem internacional.

Por fim, vale pontuar que o crescimento da população mundial é persistente, mas em taxas decrescentes desde 1970, o que pela primeira vez na história não se relaciona a fenômenos disruptivos como fome, doença ou guerras, mas ao desenvolvimento global advindo de décadas de investimento em saúde infantil, educação de meninas, cuidados de saúde reprodutiva e empoderamento de mulheres.

INSTITUCIONALIZAÇÃO DA AGENDA DE POPULAÇÃO E DESENVOLVIMENTO

A Primeira Conferência Mundial de População (Roma, 1954) foi organizada para trocar informações científicas sobre variáveis populacionais, seus determinantes e suas consequências. Um encontro tipicamente acadêmico focado na geração de informações mais completas sobre a situação demográfica dos países em desenvolvimento. A Segunda Conferência Mundial de População, ocorrida em Belgrado, entre 30 de agosto e 10 de setembro de 1965, foi também um encontro mais acadêmico, com especialistas na área e foco na análise da fecundidade como parte de uma política de planejamento do desenvolvimento.

A Terceira Conferência Internacional de População (Bucareste, 1974) procurou superar a noção de que o problema residia nos países do terceiro mundo, que precisariam avançar economicamente e controlar os efeitos de um crescimento populacional exponencial para que houvesse uma melhoria na qualidade de vida das populações tanto no Sul como no Norte. Naquele momento já se delinearia o eixo bifurcado da agenda de PD entre demografia e direitos ou fatores demográficos e questões socioeconômicas.

Os debates da Conferência em Bucareste inauguram esse entendimento sobre de que forma assuntos demográficos, como a diminuição no crescimento populacional, devem ser tratados: como uma questão de direitos e não restrição ou imposição de ações do Norte sobre o Sul. Passou-se a valorizar questões socioeconômicas tanto quanto os fatores demográficos, afastando-se das concepções conservadoras de que planejamento familiar seria a solução para os países periféricos e subdesenvolvidos. Ao mesmo tempo, destacando o poder dos países do Sul na decisão de crescer ou não sua população e o entendimento de que o desenvolvimento, historicamente, leva a uma diminuição do crescimento demográfico. Em contraste, países da América Latina, África e Ásia rejeitaram o controle da população imposta pelo Norte e defenderam política de redução das desigualdades, denunciando uma persistente injustiça que seria agravada pela falta de equidade nas relações econômicas internacionais. Na famosa frase do ministro de População da Índia, Karan Singh, durante a conferência de Bucareste: "Desenvolvimento é o melhor contraceptivo" (*Development is the best contraceptive*).

Já a Quarta Conferência Internacional sobre População (México, 1984) revisou e endossou a maioria dos aspectos dos acordos da Conferência de Bucareste e expandiu o Plano de Ação da População Mundial para incorporar os resultados das últimas pesquisas e dados fornecidos pelos governos. Os direitos humanos de indivíduos e famílias, condições de saúde e bem-estar, emprego e educação foram alguns dos temas destacados na Declaração assinada na Conferência. Outras questões relevantes foram a intensificação da cooperação internacional e a busca de maior eficiência na adoção de decisões políticas relativas à população.

Em dez anos, no entanto, as posições de muitos líderes mudaram. Na Conferência do México, líderes do Sul global argumentavam que seus recursos não podiam suportar o crescimento populacional irrestrito, ao passo que os EUA sob Reagan adotaram uma posição neutra sobre o crescimento populacional, argumentando que o lento desenvolvimento econômico no Sul global era atribuível à demasiada intervenção estatal, não a mudanças demográficas. Em contraste, o melhor contraceptivo, de acordo com a administração de Reagan, era o mercado livre, o que marcava os avanços geopolíticos do neoliberalismo sob a égide do Consenso de Washington dos anos 1980.

Outro marcador relevante dessa trajetória histórica foi a Declaração sobre o Direito ao Desenvolvimento (Res. 41/128, AGNU, 4 dez. 1986), que reconheceu o desenvolvimento como um processo econômico, social, cultural e político abrangente, voltado ao bem-estar de todas as populações, ao progresso e à distribuição justa dos benefícios. Reforçou a ideia do desenvolvimento como um direito humano que alude à centralidade da pessoa humana como sujeito das ações e políticas.

Durante o processo de preparação para a Rio-92, verifica-se um recrudescimento do argumento neomalthusiano de que o crescimento populacional do Sul seria responsável por grande parcela dos problemas ambientais. Isso motivou maior engajamento das organizações da sociedade civil no sentido de rejeitar esse argumento e defender, ao contrário, que os problemas ambientais seriam derivados dos padrões de produção e consumo do Norte.

O tensionamento global crescia com o tom alarmista em torno de um cenário contrastante de explosão demográfica dos países pobres e de implosão demográfica dos países ricos. Na interpretação basilar de Elza Berquó, em seu texto "Cairo-94 e o confronto Norte-Sul", os países do Sul deveriam estar atentos à defasagem na transição demográfica dos países mais desenvolvidos e menos desenvolvidos. Esse quadro traria novos desafios relacionados particularmente aos direitos das mulheres, de direitos reprodutivos e reivindicações urgentes como a legalização do aborto, a redução da pobreza e o repúdio a qualquer forma de discriminação. De fato, o empoderamento das mulheres para controlar suas próprias vidas se tornaria uma das principais bandeiras de luta das ações que ligam população, meio ambiente e desenvolvimento.

Essa longa trajetória de construção institucional possibilitou que a Conferência Internacional de População e Desenvolvimento (CIPD) (Cairo, 1994) se tornasse a pedra angular para os debates sobre população e desenvolvimento nas Relações Internacionais. O foco estabelecido no Programa de Ação do Cairo era um conjunto abrangente de questões sociais como envelhecimento, direitos sexuais e direitos reprodutivos, migração, saúde e mortalidade materna e infantil, empoderamento da mulher, igualdade de gênero, combate ao racismo e igualdade racial. Mais do que inovar ao incorporar a palavra *desenvolvimento* como parte do título, a CIPD consolidou pautas sociais como a saúde reprodutiva como um direito humano e um elemento fundamental da igualdade de gênero. Além disso, reorientou o esforço da comunidade internacional a favor da redução da mortalidade infantil e materna; do acesso à educação, especialmente para as meninas; e do acesso universal a uma ampla gama de serviços de saúde reprodutiva.

Em artigo "Do Cairo a Nairóbi: 25 anos da agenda de população e desenvolvimento no Brasil", Richarlls Martins aponta os principais aspectos de transformação na agenda de PD. Estar inscrito na institucionalidade global, desde 1945, como ponto de tensão geopolítica e preocupações, crescimento populacional – particularmente dos países pobres –, como entrave ao desenvolvimento – especialmente dos países ricos; gradativo deslocamento conceitual de uma agenda puramente demográfica para um campo de disputas e visibilidade dos direitos humanos em população; a criação no Brasil (1995) de uma instância de implementação do Programa de Ação do Cairo, a Comissão Nacional de População e Desenvolvimento (CNPD); a relevância da participação dos movimentos sociais brasileiros e, especialmente, das lideranças jovens e das mulheres negras nesse processo; do aproveitamento de brechas no processo decisório para influenciar os rumos da política externa brasileira em temas sociais; uma valorização do espaço regional de diálogo sobre temas de PD mediante engajamento no *Foro de los Países de América Latina y el Caribe sobre el Desarrollo Sostenible*, ativo desde 2017; e uma aliança sinérgica com o Fundo de Populações das Nações Unidas (UNFPA, na sigla em inglês), apoiando suas ações no país e recebendo suporte para o *advocacy* – o agir em torno de uma pauta ou uma causa – da agenda de PD no Brasil.

Em 2019, na Cúpula de Nairóbi (Cairo+25), um processo de revisão dos compromissos do Cairo repactuava a necessidade de se intensificar o financiamento e a implementação efetiva do Programa de Ação da CIPD, em alinhamento com a Agenda 2030 e os ODS. Em particular, a questão do acesso universal à saúde e aos direitos sexuais e reprodutivos, que passariam a ser considerados no conjunto de uma cobertura universal de saúde, demandava garantir acesso a informações e serviços de planejamento familiar, zerar mortes maternas e morbidades evitáveis e promover o acesso ao aborto seguro dentro dos limites da lei. Outra cristalização normativa foi a de promover a saúde sexual e reprodutiva como parte integral dos direitos sexuais e reprodutivos, valorizando o respeito à integridade corporal e à liberdade de escolha (da própria sexualidade, dos parceiros sexuais, se/quando/e com quem se casar, quando e de que forma ter filhos).

Nesse sentido, o UNFPA consolidaria sua inclinação institucional de apoio à agenda das juventudes, pregando o acesso de adolescentes e jovens, especialmente meninas, à educação sexual e aos serviços de qualidade que lhes permitissem tomar decisões livres e informadas sobre sua sexualidade e reprodução vida. Igualmente, a implementação de medidas para proteger jovens de gravidez indesejada, contra todas as formas de violência sexual e baseada no gênero, bem como de práticas para facilitar uma transição segura para a vida adulta. Comprometia-se com o conceito de que nada sobre a saúde e o bem-estar dos jovens poderia ser discutido ou decidido sem sua participação e intervenção significativa, segundo o lema *"nada sobre nós sem nós"*.

No plano da cooperação regional em população e desenvolvimento, um dos marcos fundamentais do avanço da agenda de população e desenvolvimento na América Latina refere-se ao Consenso de Montevidéu (2013), que acabou por florescer em um contexto geopolítico mais progressista, no qual o governo uruguaio de Pepe Mojica e sua diplomacia foi fundamental para se chegar a esses resultados. Os princípios centrais que norteiam o Consenso de Montevidéu são a erradicação da pobreza, da exclusão e da desigualdade, consoante uma perspectiva de gênero e interculturalidade dos direitos humanos para indução de políticas em matéria populacional.

A inclusão de um eixo específico de ação referente à população afrodescendente no Consenso de Montevidéu produz o primeiro documento regional considerando a população negra como um dos eixos centrais de ação. A diretriz referente ao acesso aos serviços de saúde sexual e reprodutiva qualifica a linguagem da CIPD 1994 ampliando as normativas no marco dos direitos sexuais para além de saúde sexual, com especial atenção frente às questões correlatas à identidade de gênero e orientação sexual. No marco dessas reflexões, o segmento jovem ganha um eixo de ação referente aos direitos de crianças, adolescentes e jovens que trabalhará suas ênfases no escopo do temário da educação integral e sexualidade, articulados com a ênfase política da juventude como sujeito de direitos.

O documento aprovado estabeleceu ações específicas para os temas de envelhecimento populacional, sistema de proteção e seguridade social que orientam o Programa de Ação da CIPD. Nos três eixos adicionais – igualdade de gênero, migração internacional e relação entre desigualdade territorial, mobilidade espacial e vulnerabilidade ambiental –, a ênfase recairia sobre políticas populacionais alinhadas aos direitos humanos.

A Terceira Conferência Regional de População e Desenvolvimento (CRPD), em 2018, teve como objetivo principal a avaliação da implementação do Consenso de Montevidéu nos países da América Latina. O diagnóstico produzido a partir dos informes nacionais apontou uma tendência à transição demográfica com a queda na taxa de fecundidade e aumento na expectativa de vida, com o respectivo envelhecimento da população. No período, houve um incremento da migração interna e a persistência das desigualdades socioeconômicas e territoriais na região, apesar do avanço nos mecanismos de proteção social, em particular os instrumentos de transferência de renda que tiveram papel importante na diminuição da pobreza extrema. As populações tradicionais, como os povos indígenas e quilombolas, ainda se mostravam vulnerabilizadas, com forte pressão sobre territórios indígenas e persistente invisibilização dos afrodescendentes. Apesar de alguns avanços institucionais, a região ainda possui desafios persistentes, agravados pela ascensão de governos conservadores e do populismo de extrema direita. Um ponto positivo foi uma maior integração entre a CRPD e a Agenda 2030 para o desenvolvimento sustentável, com destacada atuação da sociedade civil organizada.

Evolução do conceito de desenvolvimento

A ideia de desenvolvimento foi associada à riqueza e à esfera econômica. Países mais ricos seriam automaticamente mais desenvolvidos que os mais pobres. O conceito de desenvolvimento mudou na reorganização das RI, após a Segunda Guerra Mundial, quando teoricamente os estudos internacionais passaram a debater o nexo crescimento econômico e bem-estar das populações. As crises das décadas 1960 e 1970 evidenciaram que um conceito de base exclusivamente econômica desconsiderava fatores relevantes de desigualdade, como a concentração de renda e a existência de imensos contingentes de miseráveis com pouca ou nenhuma qualidade de vida. Nesse sentido, formas alternativas de conceituar o desenvolvimento de um país passaram a ser discutidas para abordar redução da pobreza, necessidades humanas básicas e aspectos ambientais. Simultaneamente, a agenda internacional estava evoluindo para incluir questões sobre biodiversidade, poluição e destruição da camada de ozônio. Um novo conceito de desenvolvimento foi aprimorado nos anos 1990, nos debates globais da Conferência Rio-92 e na Agenda 21, preconizando o equilíbrio economia e meio ambiente. O conceito de desenvolvimento sustentável para o século XXI foi redesenhado sob a égide da Rio+20, da Agenda Pós-2015 e da Agenda 2030 com foco nos objetivos de desenvolvimento sustentável, integrando as dimensões econômica, ambiental, social e institucional do desenvolvimento.

A TRANSIÇÃO DO PARADIGMA DOS ODM PARA OS ODS

Como forma de consolidar parte dos compromissos internacionais derivados dessa série de conferências e acordos globais e com o intuito de tornar a assistência internacional para o desenvolvimento mais efetiva, foram definidos os objetivos de desenvolvimento do milênio (ODM) na chamada Cúpula do Milênio (2000). Eles foram adotados pela Resolução nº 55/2 da Assembleia Geral das Nações Unidas no âmbito da Declaração do Milênio (ONU, 2000). Os 8 ODM e suas 21 metas abrangeram temas diversos, como a redução da pobreza e da fome, passando pelo combate ao HIV/aids, até a diminuição da perda da biodiversidade. O grande mérito dos ODM foi estabelecer metas claras e concisas, de fácil comunicação e capazes de serem monitorados. A "governança por metas" tornou-se a base da nova agenda e se mostrou efetiva ao promover mobilização e apoio a temas negligenciados, possibilitando ações coordenadas dos países entre 2000 e 2015.

Um dos exemplos de destaque da Cúpula do Milênio (2000) correlaciona-se ao tema "cidades", conectado às noções de qualidade de vida e respeito ao meio ambiente. Quatro metas do ODM 7 relacionavam-se às cidades: a) integrar os princípios do desenvolvimento sustentável nas políticas e programas e reverter a perda de recursos ambientais; b) reduzir a perda da biodiversidade, atingindo, até 2010, uma redução significativa; c) reduzir pela metade, até 2015, a proporção da população sem acesso permanente e sustentável à água potável e ao esgotamento sanitário; d) até 2020, ter alcançado uma melhora significativa na vida de pelo menos 100 milhões de habitantes de assentamentos precários. O conteúdo do ODM 7 misturava grandes questões da sustentabilidade ambiental (florestas, mudanças climáticas e superexploração dos estoques pesqueiros) com temáticas urbanas (habitação, acesso permanente e sustentável à água potável e ao esgotamento sanitário).

Embora os avanços na adoção dos ODM tenham sido notáveis, diversas críticas lhes foram endereçadas, dentre elas: o caráter *top-down* da definição dos objetivos e metas, sem consultas estruturadas aos países-membros ou a outros atores relevantes; seu escopo limitado, ao não tratar, por exemplo, dos limites ecossistêmicos ao desenvolvimento e temas ligados à agenda de direitos humanos já consagrados em conferências anteriores; ter sido formulado principalmente pelos países desenvolvidos, para enfrentar apenas os desafios dos países em desenvolvimento; e metas globais agregadas, sem adaptação às especificidades, capacidades e necessidades regionais e nacionais.

Abria-se caminho para a construção da chamada Agenda Pós-2015 e da transição do paradigma dos ODM para outro conhecido como objetivos de desenvolvimento sustentável (ODS), que vinham sendo negociados desde a Conferência da Rio+20 para fazer convergir preocupações de diferentes agendas, dos desafios emergentes do desenvolvimento sustentável e economia verde, no contexto da sustentabilidade, à erradicação da fome e da pobreza. Novamente, as tendências populacionais criaram oportunidades e desafios para a Agenda Pós-2015, ligando o respeito e a proteção aos direitos humanos com uma perspectiva renovada sobre o desenvolvimento sustentável.

Fruto de um consistente diálogo multilateral no sentido de conciliar as dimensões ambiental, social e econômica, foram formatados novos objetivos globais para induzir um novo paradigma concebido pela comunidade internacional e referendado em 2015 pela Organização das Nações Unidas, contendo 17 ODS e 169 metas que orientam países, suas sociedades, organizações e empresas a promoverem sustentabilidade em sintonia com diferentes aspectos do desenvolvimento até o ano de 2030.

A Agenda 2030 e os ODS tornaram-se uma espécie de ícones dos esforços globais de desenvolvimento, sendo os fundamentos dessa arquitetura global definidos em cinco dimensões: financiamento, territorialização, medição, interações e aceleração. O pilar financeiro da Agenda 2030 ganha vida nos dispositivos do Acordo de Paris, na Agenda de Ação de Addis Abeba (AAA), no Fórum de Acompanhamento de Financiamento para o Desenvolvimento (Fórum FfD) e no Fórum de Cooperação para o Desenvolvimento (DCF, na sigla em inglês), conectando múltiplas partes interessadas na cooperação internacional para o desenvolvimento e em pensar os temas prioritários como mobilização e endividamento. Além disso, procura viabilizar financiamentos ligados à Ajuda ao Desenvolvimento (AOD), à cooperação Sul-Sul, à cooperação triangular, bem como via bancos de desenvolvimento e bancos multilaterais de desenvolvimento.

Essa arquitetura financeira busca conectar projetos e ações para enfrentar as desigualdades de renda, o alto endividamento, as vulnerabilidades e as disfuncionalidades do comércio global. Também molda experimentos *ad hoc* em financiamento global, como o Fundo de Resposta e Recuperação da covid-19, da ONU, projetado como resposta socioeconômica imediata para países de renda média e baixa. O Fundo foi elaborado com base no princípio-ideia de uma solidariedade global que facilitasse a captação de recursos com foco no curto e longo prazos e relacionadas ao cumprimento dos ODS, como controlar a propagação do vírus e melhorar a infraestrutura de saúde pública, apoiar a estabilidade macroeconômica e evitar uma "crise humanitária desastrosa".

O pilar da territorialização da Agenda 2030 pode ser entendido como um processo de construção participativa e de interação entre múltiplos agentes e os interesses e demandas locais. A territorialização dos ODS dialoga com o que será visto no próximo capítulo sobre os "muitos mundos", ou seja, de um pluriverso composto de práticas políticas que interconectam os seres humanos e a natureza em suas localidades. A territorialização engloba uma série de tecnologias sociais e dispositivos políticos de localização dos ODS, como alinhamento com planos, programas e políticas públicas; disseminação de ideias, valores e normas relacionadas à Agenda 2030; construção de plataformas de comunicação colaborativa; alinhamento dos documentos institucionais (missão e planejamento) com a lógica dos 17 ODS; publicações e cursos de treinamento; ações parlamentares. Em suma, a territorialização depende de um esforço político e técnico para fazer as adaptações necessárias daquilo que foi globalmente acordado com a realidade nacional.

Para avaliar se a comunidade internacional está seguindo os passos necessários para cumprir a Agenda 2030, foi necessário desenvolver um sistema de medição baseado em indicadores capazes de vincular os níveis global e local. Os indicadores funcionam como um guia para as discussões dos países sobre suas prioridades atuais com base em dados disponíveis e robustos. Os indicadores baseiam-se em uma lógica de painéis, destacando quais ODS requerem atenção em cada país e criando zonas prioritárias para ação antecipada. Além disso, é baseado na análise de tendências para determinar o nível de desvio daquilo que se esperava com aquela meta específica. Usando dados históricos, permite estimar o quão rápido um país está progredindo em direção aos ODS e determinar se no futuro esse ritmo será suficiente para atingir o pretendido com a Agenda 2030.

Outra dimensão refere-se às interações sinérgicas, tornando os elementos da Agenda 2030 inseparáveis. As interações sinérgicas entre os ODS têm diferentes tipos de conexões: podem ter efeitos mais positivos, quando a perseguição de uma ou mais metas criam condições para viabilizar e/ou reforçar a implementação de outros ODS; mas podem ter efeitos mais negativos, quando a busca por implementar uma ou mais metas pode criar condições adversas ou restrições ao alcance de um ODS. Por exemplo, "aumentar substancialmente a participação da energia renovável na matriz energética global" (ODS 7.2) construindo barragens e usinas hidrelétricas na Amazônia pode ter impactos negativos nas populações indígenas locais e ribeirinhas, o que não seria coerente com a meta de "fortalecer a resiliência e a capacidade de adaptar-se aos riscos relacionados ao clima e desastres naturais em todos os países". Por outro lado, "acabar com a fome e garantir o acesso de todas as pessoas, especialmente os pobres e as pessoas em situação de vulnerabilidade, incluindo crianças, a alimentos seguros, nutritivos e suficientes" (ODS 2.1), é um objetivo inseparável de "erradicar a pobreza em todas as suas formas, em todos os lugares" (ODS 1).

Para alcançar a utopia de não deixar ninguém para trás (compromisso da Agenda 2030), a comunidade internacional projetou Ações de Aceleração na implementação de ODS. São iniciativas realizadas voluntariamente para acelerar a implementação de metas globais por governos e quaisquer outros atores não estatais, individualmente ou em parceria. A aceleração se baseia na crença central de que um bom progresso não é bom o suficiente e que devemos acelerar as promessas feitas a uma nova geração de meninas e mulheres, meninos e homens para alcançar os Objetivos de Desenvolvimento Sustentável. Consequentemente, quanto mais vulneráveis são os grupos populacionais, mais priorizados eles devem ser, isto é, ter suas necessidades atendidas em primeiro lugar.

No entanto, a comunidade internacional encara um dilema: a aceleração do cumprimento da Agenda 2030 pode fazer com que diferentes vulnerabilidades persistentes, em diferentes áreas, se empilhem ou se amontoem, sendo adicionadas à equação dos desafios que amplificam as desigualdades e dificultam o alcance dos ODS e suas metas.

CONCEPÇÕES DE DESENVOLVIMENTO

Crescimento econômico define desenvolvimento para muitas pessoas no campo das RI. Restringe o debate ao aumento na produção de bens e serviços de Estados e empresas, bem como aos fluxos de bancos e agentes financeiros, em face do seu impacto no Produto Interno Bruto de uma país. A crítica recai no fato de que o crescimento, ainda que gere desenvolvimento, pode se tornar insustentável pela finitude da maioria dos recursos naturais e por estar baseado numa lógica cultural de manutenção e aprofundamento de desigualdades.

Ao mesmo tempo, desenvolvimento reflete o conceito de prosperidade, indo além da busca por bens materiais, tratando efetivamente do bem-estar da população. Poderia ser retratado pelo Índice de Desenvolvimento Humano (IDH), composto por indicadores de renda, longevidade e educação, e renovado em suas métricas para incluir as pressões sobre as fronteiras planetárias. Entretanto, prosperidade caminha junto com a ideia de progresso contínuo, o que não se aplica à história das RI, repleta de casos de esfacelamento do tecido social e desmoronamento das instituições perante crises econômicas cíclicas do capitalismo.

Da mesma forma, desenvolvimento e desigualdades parecem ser um par inseparável da política internacional. As evidências indicam que os países menos industrializados sentem mais severamente as externalidades do modelo de desenvolvimento global, bem como os impactos das mudanças climáticas que têm produzido. A injustiça climática é expressão desse nexo entre desenvolvimento e desigualdades, sendo as populações mais pobres e marginalizadas, no Norte e Sul globais, as mais atingidas pela emergência climática instalada.

Por isso, o desenvolvimento começa a ser pensado como inclusão, o que pressupõe, portanto, ir além de crescimento e prosperidade, abordando ações que nivelem as desigualdades em uma sociedade. Inclusão é bandeira de luta de movimentos de alter-globalização, de lutas pela consecução de direitos fundamentais, como erradicação da fome e da pobreza, bem como pela ampliação dos direitos sexuais e reprodutivos, tão fundamentais à igualdade entre homens e mulheres e para o bem-estar geral da humanidade.

Igualmente, desenvolvimento deveria ser expressão dos níveis de felicidade de uma sociedade. Nesse caso, felicidade se refere ao questionamento crítico de políticas de crescimento e incremento do PIB como as principais formas de mensuração de progresso de um país. Em 1972, no Butão, foi estruturado um indicador alternativo ao PIB que reflete a qualidade de vida e o progresso social de um povo. O índice de Felicidade Interna Bruta (FIB) busca mensurar a felicidade e o bem-estar geral da população e possui nove dimensões: bem-estar psicológico, saúde, uso do tempo, vitalidade comunitária, educação, cultura, meio ambiente, governança e padrão de vida. Em 2011, a Assembleia Geral da ONU aprovou a resolução "Felicidade: em direção a uma abordagem holística para o desenvolvimento", considerando a felicidade como um "objetivo humano fundamental". Nesse sentido, o conceito de desenvolvimento sustentável é ampliado, passando a considerar a busca pela felicidade.

Além disso, desenvolvimento é fundamentalmente um fenômeno intergeracional que depende tanto do envelhecimento populacional como do papel das juventudes para lidar com as transformações da sociedade global. O dilema intergeracional posiciona as gerações mais velhas como agindo egoisticamente, buscando garantir seu bem-estar material às custas da saúde do planeta, o que leva à perda de qualidade de vida de crianças e adolescentes e das próximas gerações. Nesse contexto, a sueca Greta Thunberg catalisou toda a indignação da juventude, tornando-se símbolo de um movimento mais amplo de jovens líderes globais contra a inércia política global. A maior mobilização global da história teve como ponto de partida a greve de jovens estudantes que não aceitam arcar com as externalidades do modelo atual de desenvolvimento e com a irresponsabilidade dos tomadores de decisão. As novas gerações despertaram para esse senso de urgência em pressionar os dirigentes políticos a enfrentarem a emergência climática, o que se materializou nas ruas em protestos contra a crise climático-ambiental.

A governança global do desenvolvimento refere-se ao desenho institucional que liga o global ao local, em uma orquestração de ações e planejamentos que visam domar a complexidade do mundo no século XXI e desencadear a transformação, social, econômica e cultural necessárias para se atingirem as metas estabelecidas, por exemplo, na Agenda 2030. A governança global do desenvolvimento é multiescalar, ligando negociações globais com propostas de ação local via políticas públicas e dependendo da capacidade de mobilização e ação da miríade de atores envolvidos. Ademais, a governança implica a existência de um mínimo de agência ou de capacidade/ condições materiais de os atores envolvidos implementarem ações e políticas alinhadas à plataforma globalmente pactuada.

Mais ainda, desenvolvimento global se conecta aos avanços tecnológicos. A revolução tecnológica impõe novos rumos aos processos de desenvolvimento global. Imersos num cenário de lógicas algorítmicas que monitoram nossas ações, mapeiam nossos rastros e estudam nosso comportamento e opiniões nas mídias digitais, nos vemos reféns de grandes corporações de tecnologia e grupos econômicos que detêm nossos dados pessoais e identificam nossas preferências, estilos de vida e até opiniões sobre determinados temas. Isso torna nossas sociedades extremamente expostas e nossos sistemas democráticos frágeis diante de estratégias de personalização da comunicação dirigida, muitas vezes criando "bolhas" nas redes digitais que isolam uns grupos de outros, o que facilita o direcionamento do consumo de determinados bens e serviços e, principalmente, acentua debates extremos que carecem do diálogo social. Avanços tecnológicos precisam ser equilibrados com o fortalecimento dos mecanismos de financiamento para o combate à fome e à proteção social em países em desenvolvimento.

Outra concepção relevante se refere aos estudos do pós-desenvolvimento que criticam discursos de privilégio baseados nas experiências europeias e anglo-americanas; e desvelam as sistemáticas desigualdades nascentes da colonialidade, do patriarcado e da marginalização das ecologias do saber, como aponta Boaventura de Souza Santos em sua obra

O fim do império cognitivo. O pós-desenvolvimento foca em movimentos de base pluralistas, críticos dos impactos do estado pós-colonial, incorporando às concepções tradicionais da economia, quadros de referência alternativos baseados na solidariedade, na reciprocidade e nas experiências locais emancipadoras.

Por último, vale menção à corrente crítica do *decrescimento*, que aponta para a urgência da redução da produção e da transição rápida para as energias renováveis. O objetivo do decrescimento é propositalmente desacelerar as coisas a fim de minimizar os danos aos seres humanos e aos sistemas terrestres. Essa redução planejada da produção de energia e recursos tenta reequilibrar nossa relação com o planeta, buscando minimizar desigualdades e melhorar o bem-estar humano. Seria um modelo de reorientação de vidas e sociedades em direção ao bem-estar.

Temas emergentes de política internacional

IDENTIDADES E INTERSECCIONALIDADE NA POLÍTICA INTERNACIONAL

Gênero, raça e sexualidade é parte constitutiva da Política Global, mas não da estrutura do conhecimento no campo das Relações Internacionais. Há uma baixa permeabilidade de pesquisas, publicações e currículos de cursos de RI no Brasil para questões emergentes, particularmente conectando gênero, raça e sexualidade. Em seu livro *Intersectionality* (2020), Patrícia Hill Collins e Sirma Bilge apontam que a interseccionalidade nos possibilita compreender as relações de poder em sociedades diversas e desiguais na medida em que considera as categorias de raça, etnia, classe, gênero, orientação sexual, identidade de gênero, nacionalidade, deficiência, como inter-relacionadas e coconstituídas. Assim, nesta parte nos debruçamos sobre uma leitura interseccional da política internacional que visibiliza políticas identitárias, gênero, raça e sexualidades.

A política internacional identitária refere-se às relações de poder estabelecidas entre indivíduos, Estados e organizações consoante marcadores ou aspectos étnico-raciais e culturais. Vivenciamos no século XXI um processo de desgaste das bases da tradicional política internacional identitária de maioria branca ocidental. Identificamos um desequilíbrio na ordem global gerenciada pelo poder branco e abalada pela profusão das relações interétnicas e da conformação de grupos interétnicos e multirraciais ao redor do mundo. Eric Kaufmann, em sua obra *Whiteshift: Populism, Immigration, and the Future of White Majorities* (2019), chama de *whiteshift* a turbulenta transição de um mundo globalizado, ocidentalizado, de sociedades racialmente homogêneas e sob influência e poder da população branca para um mundo fragmentado, não ocidental, de sociedades racialmente híbridas.

A elevada taxa de natalidade das comunidades de estrangeiros vivendo em um país e os fluxos migratórios continuarão a induzir mudanças na sociedade global. A pretensa mistura de raças alimenta o mito da democracia racial em países como França, Grã-Bretanha e EUA. O conceito de multiculturalismo sofre críticas justamente por gerar a invisibilização das opressões. Em textos de referência de Lélia Gonzalez e Ochy Curiel é possível compreender sobre políticas de Estado de embranquecimento da população e do impacto dos discursos nacionalistas xenofóbicos (que são disfarçados de tolerância), qualificando a noção de mestiçagem como negativa e justificadora dessas opressões.

Episódios recentes como a votação da saída da Grã-Bretanha da União Europeia e a eleição de Donald J. Trump ilustram o recrudescimento da direita populista no Ocidente mediante um modo de governar ancorado em discursos de ódio contra imigrantes. Parece haver uma mescla de medo da ameaça econômica e perda da relevância político-partidária da população branca em diferentes países. Tal mudança permeia o imaginário coletivo global, particularmente daquelas elites apegadas aos sentimentos de orgulho nacional e progresso, que teriam sido abalados pelas ondas migratórias. As tensões sociais crescem na medida em que as mídias sociais forneceram um palco para o enfrentamento de visões contrastantes.

A migração tem impactado os rumos da sociedade global no século XXI. Migrantes tendem a encontrar sociedades diversas, mas que em geral induzem assimilações que contrariam valores e hábitos culturais; normalmente eles têm que enfrentar uma profunda oposição, como muros, cercas e todo tipo de violência. Biopolíticas pensadas e naturalizadas controlam o destino da população migrante: encarceramento provisório na chegada ao destino pretendido, separação entre pais e filhos, acolhimento em abrigos sem condições, descaso das autoridades locais com os direitos fundamentais, não reconhecimento social e preconceitos diversos, gentrificação e isolamento territorial. A população migrante que alcança o mercado de trabalho o faz ilegalmente, na informalidade e em condições precárias. A biopolítica em seu mais alto estágio se expressa em ações de esterilização em massa ou na necropolítica, definida por Achille Mbembe como o poder do Estado de decidir quem vive e quem morre, estabelecendo mecanismos técnicos para conduzir as pessoas à morte.

O lugar das mulheres e meninas na política internacional

O cerne dos debates sobre gênero em relações internacionais é compreender as construções sociais que definem papéis e espaços de experimentação para além das características biológicas. Particularmente porque as relações presentes na sociedade são desiguais e tendem a concentrar mais poder nas mãos de homens, o que causa um desequilíbrio nas relações de poder das mais diversas esferas político-diplomáticas e socioeconômicas. O entendimento sobre a situação de mulheres e meninas na política internacional depende de se acessar os instrumentais teórico-conceituais dos estudos de gênero e feminismos das ciências humanas.

A lente teórica de gênero aporta como o poder opera, como o poder se legitima e como o poder é perpetuado seguindo os ditames das tendências masculinizantes. Por isso, uma das críticas mais severas recai sobre o militarismo como enquadramento que promove valores e ideias de hierarquização, machismo, estereótipo de força do homem, a cultura da violência e a fragilidade da mulher. A suposta fragilidade da mulher será desafiada por um olhar interseccional que conecta questões de raça e gênero contra o império do patriarcado. A perspectiva de gênero nas RI busca superar a unidimensionalidade estatocêntrica, agregando leituras sobre emoções e corpos, bem como possibilitando o engajamento na luta pela igualdade entre gêneros como parte das reflexões teóricas do campo.

Metodologicamente, os estudos de gênero e dos feminismos se ancoram na subjetividade (carrega uma história por trás), na posicionalidade (posição da mulher na sociedade) e na transnacionalidade (construção de redes de solidariedade para além das fronteiras do Estado). Essa curiosidade feminista possibilita analisar o impacto de gênero, ou a *generificação*, das relações sociais em suas manifestações domésticas, internacionais e transnacionais.

De fato, o feminismo transnacional expressa esse movimento em rede a favor de temáticas da política internacional, tais como direitos humanos, direitos das mulheres, direitos sexuais e direitos reprodutivos e igualdade de gênero, por exemplo. Buscam compor as dicotomias e contradições da globalização no sentido de evidenciar os privilégios do Norte global em relação ao Sul global. A transnacionalidade se manifesta justamente nos laços de raça, gênero, etnia e classe que se estabelecem entre pessoas para além das fronteiras nacionais ou da abstração do Estado nacional.

Os principais desafios para superação dessas contradições vieram com a construção de um ideário e de uma ética feminista que pudesse ao mesmo tempo respaldar a luta pela igualdade entre homens e mulheres, nos diferentes espaços sociais, e reforçar uma perspectiva de diversidade e pluralidade de interesses e identidades presentes no globo. Ainda, o desafio de descontruir a visão uníssona de feminismo e da categoria mulher como socialmente construída em favor de uma perspectiva ampliada e plural capaz de trazer para a agenda política a diversidade de interesses e a representatividade de grupos singulares como mulheres indígenas, quilombolas, ribeirinhas, marisqueiras, negras, periféricas.

Particularmente, permanece desafiadora a estereotipação das mulheres do Sul global como tendo menos voz ou não nenhuma voz em relação às mulheres do Norte global. Mulheres africanas e latino-americanas sofrem com violências múltiplas, como o uso da força e de pressão psicológica, e com desigualdades estruturais que tornam as instituições impermeáveis a suas demandas e interesses. A ideia de justiça em uma perspectiva elitista e classista acaba por impedir o acesso das mulheres aos mecanismos de correção, compensação e proteção social do Estado e da sociedade.

Uma perspectiva de gênero permite compreender como processos e estruturas das RI, como globalização e capitalismo, passam a atuar como molas propulsoras de forças de desigualdades, induzindo modos de pensar e agir naturalizados e assumidos como normais. Destacamos a masculinidade e o patriarcado como elo constitutivo de uma ordem global desigual e instável. Logo, as reflexões sobre a paz na política internacional demandam compreender qual a situação das mulheres e meninas nos diferentes países e regiões perante os compromissos assumidos nos foros e conferências internacionais.

Dentre os principais espaços de experiência internacional que têm construído a base normativa e institucional – que conectam o local ao global – e nos ajudam a pensar a situação de mulheres e meninas, destacamos a atuação da ONU Mulheres como principal organização voltada ao empoderamento de mulheres e meninas; a Resolução 1.325 do Conselho de Segurança da ONU sobre mulheres, paz e segurança; os debates em torno da Conferência Internacional sobre População e Desenvolvimento (ICPD); e os esforços de implementação dos objetivos de desenvolvimento sustentável da Agenda 2030, em particular do ODS 5 – Igualdade de Gênero e empoderamento de mulheres e meninas.

> **Principais desafios sobre a situação de mulheres e meninas na sociedade global:**
>
> 1. **Violência contra mulheres e meninas**: os dados mais recentes da ONU Mulheres (Relatório de 2018) apontam que uma em cada três mulheres e meninas sofreram violência física e/ou sexual na vida. Infelizmente, cabe destacar ameaças, ataques, assédio e práticas abusivas virtuais e no ambiente de trabalho, que caracterizam uma pandemia global em si mesma.
> 2. **Sub-representação política**: nos parlamentos nacionais mulheres, são sub-representadas e têm dificuldades de cumprir a própria pauta eleitoral – tendo que se submeter aos desígnios da liderança partidária.
> 3. **Desigualdade no Trabalho**: acesso desigual a oportunidades de liderança e permanência das disparidades salariais entre homens e mulheres, com uma flagrante sub-representação em cargos de chefia, na alta administração, e em termos de poder de tomada de decisão dentro do governo, e em grandes empresas e instituições.
> 4. **Lacuna digital**: mulheres e meninas ficam atrás dos homens no acesso à internet e na posse de telefones celulares; uma espécie de fosso digital crescente, ampliado pelas desigualdades existentes, que assevera o fato de que as mulheres são deixadas de fora de espaços importantes para a criação de conhecimento, inovação e empreendedorismo.
> 5. **Não reconhecimento científico**: no campo da produção do conhecimento, há muito mais homens do que mulheres pesquisadoras, e as mulheres têm maior dificuldade em publicar suas pesquisas e terem suas ideias compartilhadas nos principais periódicos nacionais e internacionais.

SEXUALIDADES NA POLÍTICA INTERNACIONAL

Temática completamente esquecida nos estudos sobre a política internacional, a sexualidade adquire relevância na medida em que também é alvo de processos de politização e securitização que engendram ações governamentais e refletem no comportamento das populações em diferentes partes do planeta.

A sexualidade não pode ser entendida isoladamente das estruturas sociais, políticas e econômicas nas quais está inserida – ou sem referência aos discursos culturais e ideológicos que lhe dão sentido. Os problemas relacionados à saúde sexual e aos direitos sexuais nunca são distribuídos uniformemente entre territórios, países e grupos populacionais. Pelo contrário, eles são sistematicamente moldados por múltiplas formas de violência estrutural – desigualdades sociais, pobreza e exploração econômica, racismo e exclusão de base étnica, opressão sexual e de gênero, discriminação e estigma, diferenças de idade e deficiências – em maneiras que normalmente significam que seu maior impacto negativo foi sentido por grupos e populações que já são, de vários modos, marginalizados e oprimidos dentro da sociedade.

De fato, a discriminação sexual em contextos domésticos passa a reverberar em fóruns políticos e diplomáticos, bem como pelas redes e mídias sociais. Uma cortina ultraconservadora recai por muitos países que sustentam leis e interpretações jurídicas que criminalizam a homossexualidade. Em virtude disso, direitos para indivíduos LGBTQIA+ foram incorporados à geopolítica do Ocidente, que tenta se diferenciar de Estados tradicionalistas islâmicos do Oriente Médio e da África.

O processo de politização das sexualidades está presente em países do Sul global, marcados por intensos processos de dominação colonial que construiu e fez perpetuar legislações e práticas discriminatórias perpetradas nos e sobre os corpos. Vale pontuar que os conservadorismos religiosos também estão presentes no Norte global e são a origem de um conjunto de práticas atrozes que se perpetuam até hoje, reforçando a noção de que são os usos políticos de crenças e convicções que tendem a causar danos.

Ao mesmo tempo, há uma tendência de securitização da política sexual em países como Rússia, Uganda ou Egito, enquadrando populações vulneráveis como ameaças sociais. Na Rússia de Vladimir Putin, tentou-se impor uma lei que criminaliza práticas homossexuais e estabelece censura a propagandas com conteúdo sexuais. Em Uganda, a Lei Anti-Homossexualidade (2014) – que previa pena de morte para pessoas culpadas por atos homossexuais – gerou protestos internacionais e, mesmo não tendo sido aprovada, ecoa na nova lei de crimes sexuais que aguarda a sanção do presidente. No Egito, e outros lugares que não possuem legislação específica contra a população LGBTQIA+, a repressão à homossexualidade se reflete nas prisões por prostituição, atos libidinosos, atentado ao pudor e relações sexuais consideradas anormais.

Os sujeitos de tais processos de securitização das sexualidades têm sua individualidade e liberdade castrados, tornando-se alvos em um conflito de proporções globais, com múltiplas motivações ideológicas, do fervor religioso e do extremismo. Em um contexto de guerra cultural global por direitos, o papel de organizações internacionais, organizações não governamentais, movimentos sociais e lideranças comunitárias torna-se fundamental para atender aos anseios de indivíduos LGBTQIA+, em questões básicas como difusão da igualdade no casamento e os direitos sexuais e reprodutivos. Foi a partir da Conferência das Nações Unidas sobre População e Desenvolvimento (Cairo, 1994) que a linguagem dos direitos sexuais passou a figurar no jargão diplomático intergovernamental e ganhou vida em uma série de dispositivos do Conselho de Direitos Humanos da ONU.

Desde 2003, por meio de um rascunho de resolução apresentada pelo Brasil na ONU, a discussão sobre orientação sexual e identidade de gênero tornou-se ao mesmo tempo chave para se avançar nos direitos sexuais e fonte de atritos nas negociações. Um marco nessa trajetória histórica do debate sobre sexualidades na política internacional se refere à constituição dos Princípios de Yogyakarta (2007). Em resposta aos padrões de abuso que vinham sendo documentados, um grupo internacional de especialistas e ativistas em direitos humanos se reuniu em Yogyakarta, Indonésia, para delinear um conjunto de princípios internacionais sobre orientação sexual e identidade de gênero. Uma das contribuições inovadoras de Yogyakarta era demonstrar que o direito de reconhecimento perante a lei implica para o Estado a obrigação de reconhecer a identidade de gênero de uma pessoa autodefinida.

Emerge no debate sobre Yogyakarta+10 (2017) o conceito de cidadania sexual, passando a incluir princípios de direitos à integridade corporal e mental, proteção contra a pobreza, direito à verdade e direito de praticar, proteger, preservar e reviver a diversidade cultural. A plena realização da cidadania depende da plena aceitação, inclusão e legitimação por pessoas e entidades – independentemente do matiz religioso ou ideológico – dos fundamentos de inclusão e dignidade que sustentam direitos sexuais e fortalecem uma cultura de tolerância e empatia em relação às ideias de orientação sexual, sua linguagem e sua expressão.

Ademais, a política internacional é organizada em torno de um regime internacional de proteção à pessoa humana que estabelece uma série de obrigações legais dos Estados para proteger as pessoas LGBTQIA+, ou seja, os Estados são legalmente obrigados a salvaguardar os direitos humanos dessas pessoas. Assim, o campo da sexualidade na política internacional foi ganhando força no eixo das normas e valores. Isso está bem estabelecido no Direito Internacional dos Direitos Humanos. É baseado na Declaração Universal dos Direitos Humanos e outros tratados internacionais de direitos humanos. Baseia-se no respeito e na escolha: respeito pela integridade corporal; o direito de decidir se deseja ou não ser sexualmente ativo, de escolher seus parceiros sexuais e de entrar em relações e relações sexuais consensuais; e o direito de decidir se, e quando, ter filhos.

> **Principais responsabilidades dos Estados na proteção à população LGBTQIA+**
> - Proteger os indivíduos da violência homofóbica e transfóbica.
> - Prevenir a tortura e o tratamento cruel, desumano e degradante.
> - Revogar as leis que criminalizam as relações entre pessoas do mesmo sexo e pessoas trans.
> - Proibir a discriminação com base na orientação sexual e identidade de gênero.
> - Salvaguardar as liberdades de expressão, associação e reunião pacífica para pessoas LGBTQIA+.

Dentre os principais desafios enfrentados pela população LGBTQIA+, estão as leis discriminatórias, as práticas e os atos de violência contra indivíduos com base em sua orientação sexual e identidade de gênero. Nesse quadro de desafios, destacamos questões debatidas nos principais fóruns internacionais e que têm avivado a atuação de OI e OING: saúde sexual e reprodutiva, o tema da patologização da homossexualidade, reconhecimento de identidade de gênero, reconhecimento jurídico de relacionamentos afetivos e acesso à participação política e consulta. Fica evidente que o tema das sexualidades na política internacional é muito mais amplo do que os direitos LGBTQIA+, abrangendo debates intensos sobre trabalho sexual, aborto e sexualidade adolescente, cultura e política de resistência contra homofobia e lesbofobia e criminalização dos relacionamentos homoafetivos.

Na cena teórica de RI, sentiu-se o impacto das políticas de sexualidade, levando a uma virada crítica contra o paroquialismo da teoria internacional e dando visibilidade aos trabalhos empíricos sobre dinâmicas, práticas e discursos sobre a população LGBTQIA+. As teorias internacionais passam a ter como referente os sujeitos e suas subjetividades, os corpos e os processos de corporificação da violência e da precarização, as emoções e os afetos que definem as identidades e as narrativas que resgatam as vivências individuais. Assim como nos estudos sobre gênero e raça, também nas discussões sobre sexualidades na sociedade global está imersa uma espécie de luta levada a cabo predominantemente por acadêmicos/as ativistas e membros de organizações da sociedade civil. O propósito é, ao mesmo tempo, explicar e promover mudanças nas construções sociais sobre sexualidades, algo que é orientador das chamadas teorias *queer*.

A atenção internacional de governos e agentes não estatais foi capturada por duas terminologias essencialistas, a caracterização dos debates globais em torno da "orientação sexual e identidade de gênero" e o enquadramento das populações como gays, lésbicas, bissexuais, transexuais, transgêneros, intersex, queer, aliados, notabilizando a sigla LGBTQIA+ como um referente mundial. O símbolo + adquire uma conotação inclusiva para abarcar outras caracterizações identitárias e preferências sexuais relativamente estáveis e identidades que não estão presentes para muitos indivíduos bissexuais ou transgêneros.

Mesmo com todos os seus problemas reducionistas (de questões epistemológicas sobre o valor de atribuir rótulos fixos, como gênero ou orientação sexual, até o fato de que as categorias LGBT não são universalmente reconhecidas, já que muitas culturas não aderem a esses conceitos ocidentais baseados na identidade, nem capturam toda a gama de diversidade sexual), o principal elo é, na verdade, o da solidariedade entre esses diferentes grupos em torno de reivindicações comuns de direitos sexuais de gays e lésbicas (por exemplo, igualdade no casamento) *versus* questões de identidade de gênero (saúde, reconhecimento legal) de indivíduos trans.

Em texto emblemático sobre a matéria, *Sexuality, Health and Human Rights*, Sônia Corrêa reforça o papel dos movimentos sociais representando os interesses de pessoas transgêneros, intersex, trabalhadoras do sexo, pessoas vivendo com HIV. De fato, a ampliação das pesquisas sobre HIV/aids possibilitou colocar na pauta do dia dos debates sobre a sexualidade, sua história e os limites dos direitos sexuais. O avanço das sexualidades como parte relevante da política internacional tem sido induzido pelos movimentos sociais a fortalecer um regime internacional de justiça social ou justiça erótica. Por exemplo, o ativismo pelo direito das pessoas vivendo com HIV/aids tem desempenhado um papel fundamental ao refletir sobre os impactos do silêncio e dos silenciamentos sobre as violações aos direitos e a necessidade de se construir capacidades como parte de uma luta contínua e diária.

Ao enfatizar a relevância do conceito de empoderamento, as organizações da sociedade civil geram um efeito multiplicador no que concerne ao poder de agência socialmente engajada em temáticas múltiplas como aborto, abuso sexual e violência, mutilação genital, discriminação e exclusão impostas a minorias sexuais ou qualquer outra questão importante relacionada à sexualidade, trabalho que está sendo desenvolvido em comunidades locais em todos os lugares.

RAÇA, RACISMO E RELAÇÕES INTERNACIONAIS

No plano das ideias, é preciso resgatar um conjunto de intelectuais, pensadores/as, poetas, historiadores/as que, pelo menos desde o início do século XX, têm inspirado os principais debates sobre raça e racismo. Os trabalhos modelares de alguns como W. E. B. Du Bois, Angela

Davis, Maya Angelou, Aimé Césaire, Frantz Fanon, Lélia Gonzalez, bell hooks e tantos outros, reverberam as bases de um pensamento afrodiaspórico potente, convidando leitores e leitoras a descobrir no pensamento e na filosofia africanos ideias, conceitos e soluções para os dilemas que o Ocidente criou para si mesmo há muitos séculos.

W. E. B. Du Bois nasceu em Massachusetts, em 1868, e se tornou um intelectual, ativista, historiador e editor, lançando as bases para a discussão sobre a linha global da cor e a noção de sujeitos fragmentados. Ao testemunhar a Guerra Civil Americana, a Revolução Haitiana e as duas grandes guerras, Du Bois sobrepôs suas experiências de vida às suas reflexões críticas, apontando que a ciência da política internacional fora fundada para resolver dilemas impostos pela administração colonial e pela construção imperial. Também consolidou sua perspectiva sociológica sobre o dilema universal da população negra: encurralada entre a busca de sua especificidade e a integração ao Ocidente. Esse dilema faria das relações internacionais (para o autor) um espaço de experiências violentas motivadas por conflitos raciais.

Du Bois colaborou com a geração que fundaria a primeira revista acadêmica de RI – pelo menos do mundo ocidental –, *The Journal of Race Development (JRD)*, na Universidade de Clark em 1910, e que depois seria vendida e associada ao Council on Foreign Relations, tornando-se a conhecida revista *Foreign Affairs*. Du Bois publicou um ensaio marcante denominado "Of the Culture of White Folk" na edição de 1917 da *JRD*, que seria a base do texto "Souls of White Folk" e do seu livro *Darkwater: Voices from within the Veil* de 1920.

O autor influenciaria uma geração de ativistas e intelectuais que amalgamaram uma cultura de resistência, baseada em alianças concretas, que possibilitassem a união africana com a diáspora negra, o "cooperativismo negro" e a "solidariedade negra", fazendo despertar, mesmo que tardiamente, o engajamento de intelectuais negros sul-americanos e africanos que haviam permanecido inertes entre fins do século XIX e início do XX. Criou-se a ideia do panafricanismo, dialogando com o universo simbólico contemporâneo para embasar uma luta comum contra o colonialismo e o racismo, que hoje aproxima as RI de conceitos como ubuntu.

Em 1925, Du Bois publicou um artigo intitulado "Mundos de cor", revisitando a noção básica de seus escritos iniciais, de que o problema do século XX era o problema da linha da cor, ou seja, das relações que se estabeleceram entre populações mais claras e mais escuras na Ásia e na África, na América e nas ilhas. Em sua obra *As almas do povo negro*, apontaria a independência política das comunidades e a construção de quadros normativos legais (constitucionais) como insuficientes para garantir a emancipação e a autonomia da população negra. À população negra se imporiam o proibicionismo social (perseguição), um sentimento de não pertencimento (privados dos espaços dos brancos), a não aceitação como cidadão (ausência de direitos). Du Bois chama de "dupla consciência" a luta inconciliável e traumática entre a verdadeira autoconsciência da ancestralidade negra e o sentimento diaspórico, eclipsados e invisibilizados pelas revelações de um mundo dirigido pela branquitude colonialista.

Outra figura que seria um dos precursores de um pensamento racializado em RI é Frantz Omar Fanon (1925-1961). Em suas obras *Pele negra, máscaras brancas*, *Os condenados da terra* e *Por uma revolução africana: textos políticos*, construiu seu argumento em torno de um percurso de reflexões sobre a violência colonial, suas complexidades físicas e psicossociais, suas manifestações diretas e indiretas, penetrantes, pontuais e caóticas. Também contribui com o desenvolvimento de um pensar decolonial e antirracista ao expor as agruras das experiências vividas pelas populações submetidas às diferentes formas de violência do jugo colonial e do imperialismo.

Fanon procura estabelecer os nexos causais entre raça e racismo e as estruturas materiais das sociedades que exibem racismo como parte de engrenagens sociais e força motriz dos processos imperialistas. Para o autor, o racismo emerge em questões cotidianas das diferentes práticas de exploração de um grupo, pretensamente mais desenvolvido, sobre outros grupos. Essa base material do imperialismo, de matiz capitalista de exploração, usa da opressão e submissão das populações como justificativa e razão de ser de sua existência.

Como o racismo em si é uma violência, às vezes é preciso remover o "véu" que encobre as individualidades e subjetividades para expor o outro e suas condutas de violação de direitos e corpos. Ao propor essa reflexão sobre a remoção do véu, Fanon explicita as conexões das experiências vividas em raça e gênero, tanto para o colonizador quanto para o colonizado. A missão civilizatória europeia foi ao mesmo tempo responsável pelo racismo colonial e por imprimir a violência de gênero na dinâmica do colonialismo, algo que se perpetua até hoje em diferentes países e regiões.

Autoras negras brasileiras, como Beatriz do Nascimento e Neuza Santos Souza, também inspiram o debate sobre como o racismo deixa ser enquadrado como simples determinismo biológico, passando a ser analisado como parte de um mapa mental que orienta culturalmente elites e instituições a navegar a política (nacional e internacional). Por um lado, criticam o esquecimento das trajetórias históricas de populações e sociedades marcadas pelo racismo, revelando as manifestações atuais da exploração de pessoas e corpos. Por outro, problematizam a racialização como parte de processos psicossociais de estratificação e diferenciação social; trata-se de diferenciar as várias minorias oprimidas e exploradas, de modo a cooptá-las e colocá-las umas contra as outras, o que Fanon denomina de distribuição racial da culpa.

* * *

Evidencia-se que raça e racismo são princípios organizadores da sociedade global, tanto quanto poder, interdependência e dependência. Os processos de hierarquização da ordem internacional, como coerção, cooptação e aquiescência, se dão em torno da linha de cor global que, por sua vez, estruturam uma lógica de opressão nas RI. De fato, as instituições internacionais são amplamente marcadas por desigualdades em termos de acesso, oportunidade, diferencial de renda, que espelham esse caráter fundamentalmente racializado, produzido por séculos de discriminação. Examinar e explicar essas estruturas racializadas de poder global, desigualdade, opressão e violência no mundo contemporâneo é um objetivo tanto das práticas internacionais como da produção de conhecimento em RI.

Robert Vitalis, em sua obra *White World Order, Black Power Politics* (2015), demonstra como o início da disciplina de Política Internacional nos EUA – e que seria exportada para o mundo todo naquele molde – teve profunda influência de pensadores negros, mas que foram sendo gradativamente apagados. Nesse processo, as análises dos intelectuais negros, que criticavam o imperialismo norte-americano do início do século XX, foram sendo substituídas pelas dos cientistas sociais brancos que justificavam esse fenômeno como a hierarquia natural, biologicamente enraizada, entre raças superiores e inferiores, raças naturais e históricas, civilização e barbárie. As RI como ciência seriam fundadas sobre uma norma social de não percepção da supremacia branca no discurso internacionalista, o que teria impactos profundos na história intelectual, no desenvolvimento conceitual e na construção teórica para as gerações de internacionalistas até os dias de hoje.

A invisibilização da temática racial na disciplina RI impossibilitava enquadrar raça e racismo como variáveis explicativas críveis para explicar e entender a política internacional. A alternativa analítica era conectar raça e racismo às práticas do imperialismo, colonialismo, patriarcado, imigração e produção do conhecimento. Enquanto raça e imperialismo foram temas centrais nos primórdios da disciplina de RI nos EUA, o mesmo não ocorreu quando o conhecimento produzido lá foi transferido para o Sul global. O que sucedeu foi a marginalização de autores e obras e a criação de um *mainstream* essencialmente calcado na branquitude, conservadora ou liberal, realista ou utópica.

No campo teórico das RI, perspectivas tradicionais como o liberalismo e a teoria da paz democrática não capturam como as questões identitárias se tornaram decisivas em definir o nível de cooperação e as perspectivas de paz no sistema. Os realistas têm como ponto de partida uma visão darwinista social, ancorada nas ideias de competição por poder, prevalência do mais apto e seleção natural no sistema internacional. O debate na Escola Inglesa entre pluralistas e solidaristas, ainda que reconheça o papel dos direitos humanos como intervenientes para a construção da ordem, não consegue capturar como raça e racismo são estruturantes da sociedade global tanto quanto soberania e autodeterminação.

Não obstante, pode-se dizer que os pensamentos crítico e decolonial abriram as portas para aprimoramento e sofisticação do pensamento internacionalista, em face do diálogo com a intelectualidade negra internacional, passando a valorizar ideias, conceitos e filosofias de matriz africana e afrodiaspórica (caribenha, latino-americana). Ao mesmo tempo, o enquadramento analítico sobre temas estranhos às RI estimula a nova geração a problematizar em suas análises internacionais questões como encarceramento em massa e extermínio da população negra jovem; a complexidade do debate sobre o colorismo; as relações do poder colonial e das diferentes formas de violência contra as mulheres negras – incluindo a prática do estupro; a hierarquização das relações de poder entre raças mais escuras e mais claras, na África, Ásia e Américas; a multidimensionalidade do racismo em áreas tais como econômica, política, geográfica, psicológica, espiritual e social; e as diversas relações de exploração do trabalho – escravidão, servidão, informalidade, trabalho análogo ao escravo e precarização do trabalho assalariado.

As perspectivas críticas e pós-modernas, como os estudos decoloniais, têm procurado abordar a raça como uma construção social que molda a política internacional em conjunto com gênero e classe. Entretanto, é preciso ir além do que mostram as lentes decoloniais. A compreensão da sociedade global no século XXI demanda o resgate de concepções de matriz africana e contribuições afrodiaspóricas sobre dinâmicas internacionais, algo que tem permanecido às margens dos conteúdos ensinados em escolas e universidades do mundo. A verdadeira descolonização da universidade e do ensino em RI exige reinterpretações de intelectuais negros, bem como leituras críticas sobre os impactos das práticas imperialistas, supremacistas e neodarwinistas sociais. Uma educação em RI mais inclusiva e diversa demanda a inserção do tema raça e racismo nos nossos currículos. Ademais, é preciso gerar uma ampla consciência sobre como conceitos e pressupostos tradicionais das RI são racistas, identificando maneiras de refundar a base ontológica, epistemológica e metodológica do campo. Enquanto isso não acontece, estudantes têm tentado suprir essa carência se aproximando de professores de outros cursos e buscando cursar disciplinas em outros centros e unidades.

* * *

No campo da análise em Relações Internacionais, no texto base de José Lindgren Alves, "A Conferência de Durban contra o racismo e a responsabilidade de todos", é possível compreender a trajetória histórica das negociações que tornaram raça e racismo referências para os debates na política internacional. As vítimas de racismo, discriminação racial, xenofobia e formas correlatas de intolerância são indivíduos ou grupos de indivíduos que são ou tenham sido afetados negativamente por esses flagelos, submetidos a eles ou seu alvo. O racismo, a discriminação racial, a xenofobia e as formas correlatas de intolerância são produzidos por motivos de raça, cor, descendência, origem nacional ou étnica, e as vítimas podem sofrer formas múltiplas ou agravadas de discriminação por outros motivos correlatos, como o sexo, o idioma, a religião, opiniões políticas ou de outra índole, origem social, situação econômica, nascimento ou outra condição.

No plano da prática internacional, a Conferência de Durban (2001), e sua Declaração e Plano de Ação (DDPA), se tornaria um dos marcadores internacionais na luta contra racismo, discriminação racial, xenofobia e intolerância. Durban se baseia nos princípios da igualdade e não discriminação que, no Direito Internacional, visam prevenir violações de direitos humanos. Com Durban, a comunidade internacional estimulou o enfrentamento global às causas profundas da discriminação, nas suas diferentes formas, bem como apontaria a dignidade humana como central ao debate.

O reconhecimento da escravidão e o tráfico de pessoas escravizadas, especialmente o tráfico transatlântico, seriam posicionados nas negociações como um crime contra a humanidade e listados entre as maiores fontes e manifestações de racismo. Nesse caso, o lugar do colonialismo levou ao racismo, à discriminação racial, à xenofobia e a formas correlatas de intolerância, e que os africanos e afrodescendentes, os asiáticos e descendentes de asiáticos, assim como os povos originários, foram vítimas do colonialismo e continuam a sê-lo de suas consequências. Ademais, a xenofobia contra os não nacionais, em particular os migrantes, os refugiados e os solicitantes de asilo, constitui uma das principais fontes do racismo contemporâneo, e as violações de direitos humanos cometidas contra membros desses grupos ocorrem largamente no contexto de práticas discriminatórias, xenófobas e racistas.

Como lembra Sueli Carneiro em seu texto "A batalha de Durban", foi momento de denunciar as violações perpetradas contra a população negra e as omissões em políticas públicas do Estado para o conjunto da população negra. Houve intenso engajamento das organizações negras brasileiras na construção e realização da Conferência Mundial contra o Racismo, com intuito de renovar as esperanças para o movimento Negro do Brasil. Momento especial do crescente protagonismo das mulheres negras no combate ao racismo e discriminação racial. O que parecia retórica antirracista se manifestou em Durban como discussão de questões étnicas, raciais, culturais e religiosas e de todos os problemas nos quais elas se desdobram, em racismo, discriminação racial, xenofobia, exclusão e marginalização social de grandes contingentes humanos – o que tem potencial para polarizar o mundo contemporâneo.

No plano político-diplomático, vale destaque ainda a instalação da Década Internacional da População Afrodescendente (2015-2024), mediante abordagem transversal de fazer da pauta racial parte da agenda de outros departamentos, agências, programas e fundos da ONU. A orquestração de uma plataforma interagências ocorreria de uma maneira coordenada e em três eixos prioritários: reparação, justiça e desenvolvimento.

O eixo da reparação se baseia no desenho de políticas e ações para tentar reparar os danos causados à população negra por processos históricos tais como escravização, colonialismo, *apartheid*, genocídio e outras tragédias do passado com graves repercussões nas relações sociais contemporâneas. As políticas de reparação visam combater o racismo imbrincado em práticas e instituições, que afeta de maneira desigual homens, mulheres e crianças afrodescendentes.

O eixo da justiça se baseia no acesso a direitos e serviços e na igualdade perante a lei. Preconiza desde medidas para garantir a justiça e honra à memória das vítimas dessas tragédias, até igualdade de tratamento perante órgãos públicos dos poderes legislativo, judiciário e executivo, eliminação do "perfilamento racial" e adoção de medidas especiais, como ações afirmativas, para aliviar e remediar as desigualdades persistentes.

O eixo do desenvolvimento refere-se a medidas a serem adotadas para garantir a distribuição justa dos benefícios do desenvolvimento, particularmente protegendo grupos ancestrais, como as comunidades tradicionais. Ao reconhecer a pobreza como causa e consequência da discriminação, esse eixo recomenda programas nacionais para erradicar a pobreza e reduzir a exclusão social que levem em consideração as necessidades e experiências específicas da população negra.

Nesse contexto, emerge conceito fundamental para o debate internacional, denominado de "discriminação múltipla e agravada", que se refere ao conjunto interseccional de forças pelas quais a discriminação atua na vida das populações. Os chamados marcadores sociais da diferença, como idade, gênero, idioma, religião, renda, propriedades, deficiências, nascimento ou outras condições, tendem a agravar de maneira interdependente a situação da população negra.

Dentre os resultados mais recentes do processo de revisão da Declaração e Programa de Ação de Durban (DDPA+20), vale menção à proclamação de 21 de março como o Dia Internacional da Eliminação da Discriminação Racial e o dia 31 de agosto como o Dia Internacional dos Afrodescendentes. Embora não haja nenhuma referência específica aos afrodescendentes na Agenda 2030, os três pilares da Década Internacional da População Afrodescendente e a DDPA+20 procuram se alinhar, particularmente, aos ODS 1, 2, 3, 4, 5, 8 e 10, que versam sobre temáticas estruturantes como pobreza, fome, saúde, educação, gênero, trabalho e renda e desigualdades.

Por fim, ainda que alguns Estados adotem iniciativas de se desculpar e pagar reparações em casos de violações graves cometidas contra a população negra, as questões de raça e racismo permanecem impactando na ordem na sociedade global. A repercussão mundial dos assassinatos de personagens como Marielle Franco e George Floyd tornam-se epítome do racismo sistêmico e das práticas naturalizadas de violações de direitos humanos de inspiração racial, com brutalidade policial e violências diversas contra a população negra. Também expõem o desafio de reconhecer a integração de uma perspectiva interseccional em políticas, estratégias e programas para abordar formas múltiplas e agravadas de discriminação no mundo. Como aponta Achille Mbembe, ao discorrer sobre o conceito de necropolítica, criar mundos de morte submetendo vastas populações a condições de vida que lhes confere *status* de mortos-vivos, parece ser ao mesmo tempo um desafio cotidiano local, tanto quanto uma bandeira de luta global, o que apenas reforça a necessidade de estudar raça e racismos na política internacional.

> **Principais desafios sobre raça e racismo na sociedade global**
>
> 1. A postura não cooperativa de grandes potências como os EUA e de países com impacto regional como Israel, que entendem que aceitar alguns dos temas do Plano de Ação de Durban teria sérias implicações na sua estabilidade política interna.
> 2. A diluição da vontade e engajamento do Movimento Não Alinhado e do G-77 a favor da pauta racial global.
> 3. A obliteração da questão das reparações pela escravidão associada a pedidos de perdão pelo colonialismo, bem como a multidimensionalidade das fontes, causas, formas e manifestações contemporâneas de racismo, discriminação racial, xenofobia e intolerância correlata.
> 4. Atuação de atores não estatais em torno da difusão e implementação de medidas de prevenção, educação e proteção voltadas para a erradicação do racismo, da discriminação racial, da xenofobia e da intolerância nos níveis nacional, regional e internacional.
> 5. Relevância de Organizações Internacionais para induzir estratégias para alcançar a igualdade plena e efetiva, inclusive por meio da cooperação internacional e do fortalecimento das Nações Unidas e outros mecanismos internacionais para o combate ao racismo, à discriminação racial, à xenofobia e à intolerância correlata, assim como o acompanhamento de sua implementação.
> 6. Uma batalha linguística em torno da linguagem nos documentos que pudessem amarrar os países a compromissos, como o uso do termo "ações afirmativas" e a própria definição e o uso do conceito de raça. Durante as negociações, havia uma tendência de bloquear avanços e fazer reservas ou explicações interpretativas, o que reforça a intransigência dos países ocidentais em admitir a escravidão africana como crime contra a humanidade, pois tal reconhecimento daria suporte para demandas por reparações.

O LUGAR DOS POVOS INDÍGENAS E COMUNIDADES TRADICIONAIS (PICT)

Três caminhos se encontram ao discutirmos povos indígenas e comunidades tradicionais (PICT) na política internacional: de atualização teórica do campo das RI, que visam tornar centrais questões afeitas aos PICT, das principais conexões de PICT com a política internacional e da institucionalização internacional de normas sobre PICT. Esses adensamentos teórico, normativo e institucional contribuem, ao mesmo tempo, para os avanços do campo de RI e para a preservação da diversidade cultural de PICT, legitimando as lutas por inclusão e justiça social.

O debate teórico se insere no enquadramento do Antropoceno como categoria que rompe a divisão natural e humana. A impossibilidade de manter esses domínios separados e o fato dessa divisão ser artificial e imprecisa simboliza o colapso do pensamento puramente ocidental de fornecer soluções modernas para nossos problemas atuais. Nesse caso, conceber o lugar dos PICT na política internacional aponta para a superação de um tipo de modernidade que confia excessivamente nas soluções tecnológicas baseadas no mercado para superar os problemas que a humanidade mesma criou.

Em um dossiê especial da *Revista Brasileira de Política Internacional*, editado por Cristina Inoue e Arlene Tickner, assentou-se o entendimento sobre os conceitos de *worlding* e dos "muitos mundos". A política internacional seria conformada não por um sistema fechado governado pela anarquia, competição, cooperação e conflito, mas por múltiplos mundos conectados uns aos outros com base em construções próprias de sentidos. Esse *insight* demanda o aprimoramento conceitual das RI para que possamos enxergar a existência desses mundos outros e pensar uma política internacional de fato representativa desses mundos.

O campo de estudo das RI disciplinou um quadro específico de referência epistemológica que marginalizou a diversidade e a diferença, rejeitando outras ontologias e *loci* produtores de conhecimento como os dos PICT. Questiona-se, portanto, o lugar da ciência como única fonte de conhecimento e, logo, de verdade. A concepção dos muitos mundos abre possibilidade para se imaginarem outras fontes de verdade advindas de "mundos outros", até então escondidas ou invisibilizadas. Os saberes dos PICT seriam apenas mitos, lendas e crenças em um esquema de privilégios cientificistas de bases ocidentais e liberais.

Uma perspectiva de muitos mundos valoriza memórias afetivas que são acessadas pelas pessoas nas suas conexões com os elementos constitutivos da natureza, servindo de guia para o agir local. O lugar deixa de ser um espaço geográfico vazio para ganhar sentidos e valores para além dos nexos entre habitantes locais e natureza, muito menos fontes inesgotáveis de recursos para consumo e progresso alheios. Para Cristina Inoue, no artigo "Worlding the Study of Global Environmental Politics in the Anthropocene: Indigenous Voices from the Amazon", a perspectiva dos "muitos mundos" nos leva a reimaginar a política internacional valorizando as relações entre culturas e civilizações ocidentais, não ocidentais, povos originários, comunidades tradicionais, e sua coexistência com a natureza, com os rios, florestas, oceanos. As vozes desses povos ressoam e interferem diretamente nas dinâmicas globais e não podem mais ser silenciadas.

Anibal Quijano, em *Colonialidad del poder, eurocentrismo y América Latina* (2000) e *Colonialidad del Poder y Clasificación Social* (2007), assinala três forças profundas que levam ao esquecimento dos PICT como parte da sociedade global. Primeiro, as relações econômicas internacionais marcadas por práticas de acumulação capitalista, historicamente constituídas a partir da espoliação e exploração dos recursos naturais, do trabalho e das pessoas. Esse padrão global de produção afetaria diretamente PICT por múltiplas formas de exploração: escravidão, servidão e trabalho assalariado. Segundo, a colonialidade como uma expressão do eurocentrismo promotor de relações desiguais entre colonizador e colonizado e perpetuador de desigualdades, tanto nos fluxos de produção, circulação de bens e serviços como na produção do conhecimento global. Terceiro, o racismo que fixa essa artificial diferenciação racial baseada na suposta superioridade biológica e cultural que reifica a invenção de superioridade do branco em relação ao não branco. Essas forças profundas concorrem para o epistemicídio, ou seja, a deslegitimação e invalidação de saberes tradicionais cocriados fora dos principais centros no Norte global desenvolvido.

O debate teórico avança com o conceito de *pluriverso*, muito presente nos estudos de autores como Arturo Escobar e Aberto Acosta, como categoria que desvela diferentes posições ontológicas relativas a cosmovisões e entendimentos profundos que florescem de uma relação dialógica: entre pessoas e territórios; indivíduos vivendo o presente e os registros históricos de sua ancestralidade, saberes tradicionais transmitidos de geração em geração, a cocriação do mundo a sua volta. O pluriverso é chave explicativa de como culturas com desenhos próprios de sentidos e significados emanam poder e capacidades materiais e imateriais que influenciam a sociedade global no século XXI. O pluriverso fortalece uma perspectiva de transnacionalização e criação de espaços de pensamento alternativos, muito acessados pelos movimentos sociais para repensar a política internacional como um lugar pluriversal, de múltiplos engajamentos para conhecer e estar no mundo, para além dos modelos de ciência e desenvolvimento concebidos pelo *mainstream* de RI como universalmente aceitos.

A perspectiva do pluriverso abre o caminho para se perceberem ligações entre diferentes níveis e escalas geoculturais, das conexões mais fortes às mais fracas, entre o macro e o micro, o global e o local, particularmente nesta tarefa de analisar as mudanças ambientais e sociais em tempos de vulnerabilidades planetárias compartilhadas. Uma perspectiva pluriversal propõe diálogos sobre transformação e justiça sociais, ao visibilizar princípios éticos derivados das práticas indígenas, por exemplo; e reconhecer as experiências emocionais pela expropriação histórica e perda dos meios de subsistência, bem como entendimento do nexo subjetividade e visões ecológicas.

Algumas dimensões conectam os estudos sobre povos indígenas e comunidades tradicionais à política internacional. A dimensão identitária refere-se ao critério da autoidentificação que busca garantir uma posição de luta pela igualdade e pelo protagonismo na provisão de direitos e políticas públicas. A noção de povos originários e comunidades tradicionais incluiria um grupo populacional diverso e plural como ciganos, quilombolas, ribeirinhos, povos da floresta (seringueiros/as, castanheiros/as, quebradeiras de coco-de-babaçu), pescadores/as, marisqueiras, jangadeiros, caiçaras, praieiros/as, varjeiros/as, sertanejos/as, catingueiros/as, entre outros/as.

A dimensão do etnocídio se refere à prática institucionalizada globalmente de extermínio dos povos originários. Eduardo Viveiro de Castro, em seu texto "Sobre a noção de etnocídio, com especial atenção ao caso brasileiro", define o etnocídio como o conjunto de decisões e ações direcionadas à destruição do modo de vida das coletividades indígenas situadas em diferentes partes de um território nacional. O etnocídio é caracterizado por ações continuadas que constituam grave ameaça ou potencial de romper com aspectos identitários do modo de vida dessas etnias.

A dimensão da biodiversidade conecta a ordem socioambiental global com os modos de vida dos povos indígenas e comunidades tradicionais. A biodiversidade é parte dos sistemas planetários que se formam das múltiplas interações entre ecossistemas e seres humanos. Ao mesmo tempo, a biodiversidade é mais do que o estoque de espécies de plantas e animais, definindo-se pelos tipos interação que se estabelecem entre cada um dos seres humanos e não humanos. Nesse caso, a preservação e recuperação da biodiversidade poderiam se beneficiar das linguagens e práticas dos PICT voltadas ao ambiente, acessando sua diversidade cultural como fonte para propor soluções aos problemas criados pela ação humana.

A dimensão da segurança alimentar se destaca pelo papel de promoção de sistemas alimentares autóctones e resilientes, com base em arranjos locais de produção e compartilhamento, que poderiam ser traduzidos como uma linguagem global. Os PICT foram capazes de proteger o conhecimento básico que perpetua seus sistemas agroalimentares ao longo do tempo. Os conhecimentos sobre produção e práticas agrícolas relacionadas a alimentos tradicionais que se destacam são o uso e manejo de plantas nativas, a preservação de sementes nativas e o manejo das florestas. Os PICT desenham seu sistema alimentar a partir de concepções de respeito e conexão com os ciclos da natureza, relacionando valores sagrados, crenças holísticas e sentimentos ao lidar com os alimentos. Igualmente, conseguem se adaptar para participar de arranjos locais de extrativismo, que conectam seu trabalho e seus recursos aos mercados.

Mais ainda, a presença de povos indígenas e comunidades tradicionais é um anteparo à degradação gerada pela ação humana. Os PICT poderiam ser considerados agentes que estão na linha de frente da preservação da natureza, garantindo a fertilidade dos solos, a integridade dos lençóis freáticos, a estabilidade dos ciclos de polinização e a manutenção das fontes de ar limpo e água potável dos diferentes territórios e seus biomas. Partindo do entendimento de que existem milhares de espécies animais e vegetais desconhecidas e com enorme potencial econômico, socioambiental e cultural, os PICT tornam-se relevantes agentes para combater as externalidades da aceleração das mudanças climáticas.

Uma dimensão a ser considerada também é a de constituição de normas internacionais, que se referem à noção de reconhecimento dos direitos e da cultura dos PICT como parte da sociedade global. Tal dimensão em particular foi muito impulsionada por movimentos de direitos humanos e redes de ativismo indígena transnacional. A ideia de "PICT" ganha uma concepção polivalente, ao mesmo tempo que evoca características identitárias de permanência, categoria analítica de análise e posicionalidade, bem como personagem detentora de titularidades e direitos.

A frente internacional de visibilização de PICT envolve a institucionalização de normas e princípios em marcadores internacionais de referência. Essa trajetória histórica remonta aos anos 1960, com o Pacto Internacional de Direitos Humanos e a Convenção Internacional para Eliminar Todas as Formas de Discriminação Racial (ICERD, na sigla em inglês), que definiram o direito de autodeterminação dos povos, a proteção mais geral aos seres humanos e o entendimento das peculiaridades dos sujeitos e grupos populacionais. Nos anos 1970, a ONU lançou a Década de Ação para o Combate ao Racismo e Discriminação Racial (1973-1983), que abriria espaço para se conectar às pautas étnico-raciais como parte da luta comum contra intolerâncias e violências. Em Genebra, no ano de 1977, uma Conferência Internacional de Organizações Não Governamentais sobre a discriminação contra as populações indígenas nas Américas reuniu lideranças de diferentes povos indígenas. A Conferência fortaleceu a pauta de denúncias sobre a espoliação das terras e recursos naturais, o massacre de suas populações, a negação do direito de autodeterminação e a opressão e destruição dos seus sistemas culturais e de valores.

Outro instrumento internacional de referência é a Convenção 169 da OIT (1989), que assumiu uma perspectiva de reconhecimento dos direitos dos povos indígenas, quilombolas e comunidades tradicionais. Por ter *status* vinculante, como um tratado internacional, traz implicações aos Estados que devem adaptar suas legislações nacionais. A Convenção 169 se aplica aos povos "cujas condições sociais, culturais e econômicas os distingam de outros setores da coletividade nacional, e que estejam regidos, total ou parcialmente, por seus próprios costumes ou tradições ou por legislação especial". Assim, procura proteger as pessoas que descendem "de populações que habitavam o país ou uma região geográfica pertencente ao país na época da conquista, da colonização ou do estabelecimento das atuais fronteiras estatais". A Convenção baseia-se no princípio da não discriminação (arts. 3, 4, 20 e 24), procurando garantir o direito à propriedade e à posse sobre as terras que aquelas populações ocupam (arts. 14 e 18). Igualmente, visa proteger sua integridade, suas culturas e instituições (arts. 2, 5 e 7), o que inclui o direito a determinar sua própria forma de desenvolvimento (art. 7), bem como de participar diretamente na tomada de decisão sobre políticas e programas que os interessem ou os afetem (arts. 6, 7 e 15). Logo, é garantido aos PICT o direito de serem consultados sobre as medidas legislativas ou administrativas que lhes possam afetar (arts. 6, 15, 17, 22 e 28).

Na Convenção da Diversidade Biológica (1992), foram incluídos elementos relevantes sobre o respeito ao estilo de vida tradicional, a preservação e manutenção do conhecimento, inovações e práticas das comunidades locais e populações indígenas, bem como o reconhecimento de seu papel na conservação e utilização sustentável da diversidade biológica. Nesse caso, encorajar a utilização costumeira de recursos biológicos, de acordo com as práticas culturais tradicionais compatíveis com as exigências de conservação e utilização sustentável. Outra questão que passou a marcar as negociações internacionais referia-se ao incentivo da repartição equitativa dos benefícios provenientes da utilização desse conhecimento, das inovações e práticas indígenas.

A Declaração das Nações Unidas sobre os Direitos dos Povos Indígenas (2007), apesar de não vinculante, tornou-se instrumento internacional com forte poder recomendatório. Na época, houve certo desconforto por parte de algumas delegações – Estados Unidos da América, Nova Zelândia, Canadá e Austrália votaram contra, justificando-se pela sensibilidade da questão. Os anglo-saxões temiam abrir um conjunto de conflitos domésticos – entre direitos dos indígenas e do restante da população –, relacionados à propriedade de terras, sua exploração no bojo dos marcos constitucionais e pelo uso do termo autodeterminação – que se aplicaria apenas a situações de descolonização e que poderia colocar em perigo a integridade territorial desses países. A pressão exercida pela comunidade internacional e pelas mesmas redes de *advocacy* ajudou a que esses mesmos países recalculassem os custos políticos de estarem fora do acordo e revertessem suas posições. A Declaração sobre os Direitos dos Povos Indígenas se tornaria um relevante instrumento sistematizador de direitos individuais e coletivos desses povos, fortalecendo o sentido da autodeterminação e o reconhecimento do direito de viver em segurança em seus territórios, com integridade física e mental. Com isso, a norma ganharia força por reconhecer o direito a não serem forçosamente assimilados ou destituídos de suas culturas.

Outro mecanismo se refere à Declaração Americana sobre os Direitos dos Povos Indígenas (2016), que procura reconhecer o respeito dos Estados ao caráter pluricultural e multilíngue dos povos indígenas como parte integral das sociedades (artigo II); a personalidade jurídica dos povos indígenas, bem como suas formas de organização (artigo IX); o direito dos povos indígenas de manter e promover seus próprios sistemas de família (artigo XVII); e o direito da criança indígena de desfrutar de sua própria cultura, religião ou de falar sua própria língua (artigo XVII).

> **Principais desafios dos PICT relacionados às dinâmicas da sociedade global:**
>
> 1. Aumento da violência e dos conflitos nos territórios envolvendo garimpeiros, grileiros, pecuaristas, que afetam indígenas em diferentes partes do mundo.
> 2. Expansão da fronteira agrícola em direção aos seus territórios para a produção dos chamados cultivos "flexíveis" (soja, dendê, cana-de-açúcar e outros), dentro do quadro do agronegócio internacional.
> 3. Retrocesso nos esforços para que os Estados incorporem os povos indígenas e seus direitos às estratégias e mecanismos nacionais, como marca da virada conservadora no mundo.
> 4. Invisibilização dos povos indígenas em fóruns globais e regionais, tanto em termos de espaço de participação como de capacidade de influência nos processos negociadores.
> 5. Captura e expropriação dos saberes indígenas pela ciência e pelos cientistas – sem contrapartida ou reconhecimento – parte de uma lógica etnocida de apagamento cultural e identitário.

POLÍTICA VISUAL E EMOÇÕES NA SOCIEDADE GLOBAL

A política visual global (PVG) estabelece um nexo entre pensamento, sentimento e imagética, possibilitando análises de fenômenos internacionais mediante interpretação de discursos e práticas conectadas às manifestações visuais (arte, vídeo, cinema, símbolos). Ao enfocar sentidos e significados explícitos e implícitos de representações imagéticas, a PVG abre espaço para uma leitura da sensibilidade, da criatividade e das emoções como meios de expressão do poder global sobre o local ou de resistência das populações locais contrárias às estruturas hegemônicas e culturas de violência globais.

A PVG se conecta à "virada estética" como caminho de *aggiornamento* conceitual e teórico do campo das RI, ao valorizar diferentes manifestações culturais, artísticas e comunicacionais, tais como cinema, música, dança, teatro, fotografia, artes plásticas, literatura e grafite. Metodologicamente, a PVG vai além da essência racionalista e empirista ao abraçar o uso da interpretação, do entendimento de narrativas e da intersubjetividade como elo entre objeto e observador, enfocando na construção social de imagens.

A virada estética das RI direciona uma postura crítica quanto ao minimalismo das teorias racionalistas, evidenciando a potência explicativa dos encontros corporais, afetivos e cotidianos nos níveis global e local. A PVG tem no cinema uma das principais plataformas, sendo os filmes valiosas representações de significados e sentidos que emanam de seu conteúdo narrativo e das dinâmicas afetivas atreladas a ela. Ademais, a visualidade da política internacional está no teatro, nas obras de arte, nas exposições artísticas, na poética e em diferentes formas de expressão cultural, como o grafite urbano e as instalações em museus.

A PVG concentra atenção nos processos de visualização, visibilização e vocalização que emergem das experiências vivenciadas pelos diferentes agentes nas RI. A visualização se refere ao uso das imagens para reificar e reforçar padrões constituídos e está presente tanto em campanhas de sensibilização de entidades como Médicos Sem Fronteira e ACNUR – como forma de angariar recursos para suas causas – quanto nos ícones da Agenda 2030 dos ODS, como linguagem para persuadir a audiência global sobre a relevância daqueles dezessete objetivos. "Visualidade" envolve uma apreciação de como os artefatos visuais podem, eles próprios, "fazer" coisas ativamente A estratégia de visualidade avalia como os recursos visuais podem mover e conectar pessoas em comunidades que ganham sentido por afetos que compartilham. A visualidade cria e recria realidades e projeta visualmente novas e diferentes dinâmicas sociais, políticas e econômicas.

A visibilização se refere aos processos de dar conhecimento e explicitar intenções, objetivos e afetos, compondo importante eixo da política externa de países, bem como da ação estratégica de Organizações Internacionais e Organizações Não Governamentais. Tanto o Programa das Nações Unidas para o Desenvolvimento (PNUD) e o Programa das Nações Unidas para o Meio Ambiente (PNUMA) como a WWF e o Greenpeace, de diferentes maneiras, têm procurado dar visibilidade para os impactos da ação humana em alguns dos principais biomas do mundo, como a Amazônia e Ártico. A estratégia de visibilidade funciona para revelar ideologias ocultas e envolve a busca pelo significado do visual, muitas vezes de maneiras inesperadas, enquanto a visibilidade desconstrói. Para além do uso pragmático da arte, é possível compreender o uso da imagem como ruptura de pensamentos e ideologias hegemônicas.

A vocalização está intimamente relacionada à prática de *advocacy*, entendida como o agir em torno de uma pauta ou uma causa (promoção da saúde, combate à fome, alívio da pobreza), visando melhorar a qualidade de vida de outras pessoas e da sociedade. *Advocacy* baseia-se na agência de indivíduos e coletivos, bem como numa aspiração genuína de mudança da realidade corrente. Para tanto, ancora-se em estratégias de comunicação direcionadas à sensibilização de lideranças políticas e da população em geral e na construção de laços de confiança com outros defensores. Além disso, a vocalização ocorre mediante acesso às estruturas participativas como conselhos nacionais e locais, associações e sobretudo as legislaturas nacional e local. Em suma, remete justamente à apropriação das ferramentas culturais da arte e da comunicação para transmitir uma mensagem política embutida em alguma peça, performance, post do Instagram, foto ou vídeo, para criar engajamento e sensibilizar sua audiência.

A política internacional seria conformada por este sistema visual (visões, percepções e imagens) integrando emoções (afetos) aos interesses de Estados, organizações, sociedades e pessoas, funcionando pelos impulsos de uma rede interligada de linguagens – dos algoritmos que movimentam a vida na internet às culturas e idiomas de povos originários. Com isso, é possível expandir o pensamento sobre sentidos e significados, normalmente implícitos às diferentes formas de representação das dinâmicas internacionais. Por exemplo, as relações entre o Estado e as corporações da área da tecnologia, bem como a proliferação de mecanismos de controle da informação e cerceamento das liberdades, têm sido escondidas da opinião pública com base na noção de segurança nacional. Ao mesmo tempo, têm sido desveladas por filmes, documentários e reportagens que concentram seu foco em imagens impactantes sobre a vigilância desmedida e o poder econômico influenciando o Estado.

A "virada emocional" nas relações internacionais procura incorporar emoções específicas, como raiva ou tristeza, condições como afeto ou confiança e processos relacionados, como memória e institucionalização, nas análises sobre a sociedade global. Parte-se do pressuposto de que as emoções são variáveis intervenientes que ajudam a impulsionar o comportamento humano e, portanto, orientam as dinâmicas do internacional.

O afeto torna-se conceito importante para tratar do impacto dos sentimentos na construção de identidades na política internacional, bem como para refletir as instabilidades dos sujeitos em relação à sua sexualidade e orientações de gênero. Afeto como categoria analítica abre a possibilidade para se visualizar os encontros e desencontros, processos não lineares, não linguísticos e não racionais que dialogam com a corporificação das experiências vivenciadas pelos agentes na política internacional.

O avanço de estudos em subcampos da Sociologia e da História e descobertas científicas nas áreas da Psicologia e da Neurociência constituem uma constelação epistemológica baseada nas emoções que ajudam a compreender como a política mundial funciona, à medida que desvela as forças por trás das tomadas de decisões, dos quadros mentais de líderes, das escolhas das elites e das ações de movimentos populares.

Como aponta Emma Hutchison em seu texto "Emotions, Bodies, and the Un/Making of International Relations" (2019), as emoções ajudam a constituir ideias tradicionais sobre soberania, Estado e fronteiras, e as concepções limitadas e excludentes de responsabilidade e comunidade que andam de mãos dadas com as visões habituais de dentro/fora do mundo. As emoções podem, nesse sentido, ser vistas como "formadoras" das relações internacionais. Formas estabelecidas de representar o mundo tendem a reforçar regimes emocionais hierárquicos e culturas por meio das quais a política é constituída.

Mas as emoções também podem desfazer e refazer as relações internacionais. Elas podem levar à reflexão e expor estruturas de exclusão, desigualdade e injustiça e sugerir novas formas de imaginar a política mundial. Nesse sentido, procura-se entender uma política internacional que liga corpos e afetos em um quadro de poder, com capacidades para criar agência, promover resistências e levar a mudanças políticas. Assim, adotar uma perspectiva de emoções pode ajudar a compreender os traumas vivenciados por grupos populacionais e a expor as comunidades marginalizadas e as estruturas que subjugam e colonizam mentes e corpos nas relações internacionais. As emoções importam na política internacional ao questionarem o *status quo*, impulsionando transgressões das percepções, perspectivas e políticas por meio das quais as relações internacionais são praticadas.

Ainda, as emoções afetam a construção do conhecimento sobre a política internacional. O realismo coloca muita ênfase em uma variedade de estados emocionais como medo e suas variantes (temor, raiva, humilhação, vingança), que funcionariam em circunstâncias internacionais específicas. Por exemplo, o medo é a emoção-chave de quem vive em um sistema internacional anárquico. Ele é permissivo na incorporação em práticas e procedimentos violentos de controle das populações domésticas ou estrangeiras; justifica a articulação de ideias e a organização do conhecimento em doutrinas militaristas e de securitização de setores da sociedade; rotiniza as operações que integram esforços militares e civis em operações de paz, intervenções humanitárias e operações de acolhida de migrantes; e leva à construção de estruturas físicas e à adoção de tecnologias – como a biometria – para proteger as fronteiras.

O liberalismo racionaliza as emoções como parte dos vários tipos de interesses utilitaristas. Como as emoções se referem a desejos pessoais, internos e geralmente de curta duração, o liberalismo induz nas premissas do bem comum e da harmonia de interesses que os desejos sejam satisfeitos individualmente, o que deve concorrer para melhorar a situação de toda a sociedade. O institucionalismo liberal, que tende a focar nas escolhas racionais dos atores, deixa de perceber a importância das emoções como parte constitutiva das ações das organizações internacionais.

Considerações semelhantes podem ser feitas com relação ao marxismo, que considera que a ânsia por riqueza e poder, o apetite imperialista por recursos e territórios, são os impulsos das dinâmicas e conflitos na política internacional. Nessa perspectiva, o sistema capitalista – e sua capacidade de se adaptar ao longo do tempo – tem perpetuado uma lógica de exploração da periferia, de formação de laços de dependência entre países e hierarquização das classes subjugadas pelas classes dominantes.

Em uma perspectiva societária, normas que motivam a ação coletiva internacional e transnacional também são imersas de emoções, como sentimentos de aceitação e reconhecimento de direitos (alimento, educação, moradia e saúde) e princípios fundamentais (equidade, dignidade e sustentabilidade) e rejeição de práticas abomináveis (genocídio e violências). As emoções são, nesse sentido, absorvidas pelas normas que espelham estruturas da sociedade global e que influenciam tanto as negociações diplomáticas como as resultantes como acordos e tratados.

Em uma perspectiva construtivista, as emoções funcionam como amálgama na conformação de comunidades políticas. Na história das RI é possível enxergar a constituição das chamadas "comunidades emocionais" que superam a abstração teórica do Estado como uma comunidade imaginada, para refletir como as interações sociais e políticas orbitam em torno de afetos positivos ou negativos capazes de criar laços emocionais entre as pessoas e instituições, gerando processos identitários de reconhecimento, encorajamento, tolerância ou rejeição.

O poder das emoções em transmitir estímulos e guiar comportamentos torna-se factível na medida em que é incorporado às estratégias institucionais. De fato, governos e organizações liberais, progressistas e conservadores têm utilizado as mídias sociais como ferramenta para canalizar as emoções a favor da sua plataforma política. Por exemplo, muitas das campanhas conservadoras contra migrantes ou a favor de pautas dos direitos humanos e humanitários têm sido ancoradas no estímulo de emoções para fins políticos: das leis anti-imigração e criação de barreiras físicas nas fronteiras, ao apelo às imagens de crianças em situação de pobreza e fome nas campanhas de arrecadação de organizações não governamentais.

Quando mobilizados por atores não estatais, o ativismo social global transforma as emoções em *insights* que motivam a ação. Um trabalho retórico e performativo é realizado por ativistas ou governantes eleitos que apelam para as emoções em sua busca por apoio. No cerne do Direito Internacional

Humanitário está um fenômeno emocional: a empatia para com as vítimas e a solidariedade a favor daqueles que estão sendo "deixados para trás".

A PVG permite compreender uma camada das relações internacionais na qual ideologias, interesses e motivações se alternam entre o visível e o invisível. A PVG é abordagem que captura as relações de poder ocultas, tanto em justificativas discursivas formais como em representações não narrativas, contidas nos recursos visuais que objetivam estimular emoções e conexões afetivas viscerais e performativas. Nesse caso, a construção social do visível possibilita a conformação de estratégias políticas baseadas na visualidade e na performance visual em diferentes arenas internacionais. Afetos e emoções como ansiedade, expectativa e esperança são capturados e traduzidos em poder como parte da imagética ao respaldarem a construção de comunidades políticas baseadas em afetos.

Por fim, vale pontuar que a maioria das pessoas obtém suas informações sobre assuntos internacionais na mídia visual (internet e televisão). Assim, as imagens moldam nossa visão do mundo, tornando algumas coisas visíveis e, ao mesmo tempo, tornando outras invisíveis. Imagens icônicas podem ser muito poderosas, exigindo até mesmo uma resposta ética e política dos governos, como pôde ser testemunhado nos casos de milhares de pessoas marchando em direção aos EUA ou procurando refúgio em algum país da União Europeia. Imagens e artefatos visuais fornecem uma oportunidade de se apreciar a política internacional por um ângulo diferente, que valoriza sentimentos e afetos. Imagens icônicas como a de pessoas ateando fogo ao próprio corpo em protestos ou de crianças vitimadas em conflitos tornam-se parte das experiências performativas que se somam ao enquadramento político de véus, muros, acampamentos de refugiados, filas de migrantes e deslocados internos, bem como de cenas dantescas de tempestades tropicais, inundações e incêndios. A relação entre palavras (discursos) e imagens (fotografias e filmes) criou um novo campo de batalha transmitido pela internet e pelas redes sociais. Guerras midiáticas são travadas por empresas globais, governos e atores não governamentais, utilizando imagens mediadas por intervenções textuais para controlar resultados e fixar significados perante uma certa audiência. Ao manipular as emoções das coletividades é possível estabelecer uma certa verdade sobre acontecimentos internacionais (guerras, conflitos, intervenções, bloqueios, embargos), escondendo motivações reais em justificativas socialmente construídas em termos imagéticos.

Conclusão

Como pôde ser visto, a sociedade global no século XXI se tornará cada vez mais vulnerável a forças e dinâmicas naturais e àquelas produzidas pela própria humanidade, criando uma espécie de destino comum e compartilhado entre populações em diferentes partes do planeta. Por isso, a construção de um arcabouço de governança global sobre múltiplos temas tornou-se essencial para praticar e entender a política internacional. Especificamente, a política ambiental global é o centro nervoso da sociedade global, na medida em que a humanidade parece ter declarado guerra contra o planeta com ações destrutivas das bases que tornam a vida na Terra possível. As consequências de nossa imprudência já se refletem não apenas na degradação ambiental, mas também no declínio das condições de vida das pessoas em termos de alimentação, saúde, acesso à água potável e à moradia digna. Ao mesmo tempo, os diversos grupos populacionais lutam concomitantemente pela inclusão nos modelos vigentes de desenvolvimento global, como também têm procurado se engajar em possibilidades alternativas de transições civilizacionais para reimaginar um futuro para a humanidade, diferente daquele que se vislumbra atualmente.

Esta obra procurou aportar um conjunto de temas tradicionais e emergentes de política internacional que pudessem justamente atualizar o entendimento sobre as dinâmicas da sociedade global no século XXI e também compor um quadro crítico de reflexões sobre o lugar das diferenças, da diversidade, das emoções e das práticas de exclusão que ainda marcam o mundo de hoje. Ao chegarmos a esta década de 2020-2030 vislumbramos que a política internacional é forjada por várias correntes teóricas e práticas. Por um lado, a aliança de governos e empresas pressiona para se avançar em soluções mercadológicas de carbono neutro, carbono zero e precificação de carbono. Por outro, o ecofeminismo, a justiça planetária e o antirracismo fortalecem-se como plataformas de partidos políticos e como referência dos movimentos sociais, especialmente para compor um campo de resistências contra a emergência de uma onda conservadora global e de promoção do ativismo em favor de dignidade, de direitos e de crítica às irresponsabilidades políticas e injustiças ambientais. De fato, a crítica à degradação socioambiental global leva a uma revisão de parâmetros culturais que pautam um debate múltiplo, de limitações ao crescimento, decrescimento, estabelecimento de padrões de desenvolvimento sustentável e refundação científica em outros compromissos epistemológicos, como a filosofia política do bem-viver, do pluriverso e das interseccionalidades.

Nesse processo, chamamos a atenção para a centralidade dos sujeitos na política internacional. Por exemplo, povos indígenas e comunidades tradicionais, historicamente invisibilizados pelas dinâmicas tradicionais de poder das grandes negociações internacionais, tornam-se peça-chave nesse esforço global coletivo de repensamento das políticas planetárias. O cerne do debate é justamente sobre o papel de povos indígenas e comunidades tradicionais (ribeirinhos, povos da floresta, quilombolas) no auxílio da resolução de problemas socioambientais globais. Para além da visualidade do uso de trajes cerimoniais, procissões musicais e intervenções com falas marcantes às margens das negociações, povos indígenas e representantes de comunidades tradicionais têm legitimidade e substância para contribuir nos debates sobre justiça ambiental e enfrentamento ao racismo ambiental.

Por último, vale pontuar a necessidade de se estimular uma educação em RI mais crítica e inclusiva, que construa pontes entre direitos humanos (direito à saúde, direito à cidade, direitos dos povos indígenas e das comunidades locais) e faça análises sobre a situação de migrantes, crianças, pessoas com deficiência e pessoas em situação de vulnerabilidade, com enfrentamento ao racismo e às discriminações. Com isso, teremos uma ferramenta fundamental para se avançar em práticas e reflexões transformativas.

Sugestões de leitura

Sobre as estruturas da sociedade global no século XXI, destacamos o livro de Amitav Acharya (ed.), *Why Govern? Rethink Demand and Progress in Global Governance* (2016) e Amitav Acharya e Barry Buzan, *The Making of Global International Relations: Origins and Evolution of IR at Its Centenary* (2019). Sobre uma visão operada na atualidade da sociedade global, ver *21 lições para o século 21* (2018), que descreve o processo histórico e a atualidade de forças transformadoras relacionadas aos avanços tecnológicos; Thomas Pikkety, *O capital no século XXI* (2014), que aporta sobre as modificações do capitalismo; e Steven Pinker, *O novo Iluminismo: em defesa da razão, da ciência e do humanismo.* (2018), que aborda as mudanças nos padrões de produção do conhecimento. E, ainda, sobre a dimensão jurídica da ordem internacional, sugerimos Márcio Garcia, *Direitos das Relações Internacionais* (2022).

Nessa sobreposição com os debates sobre o futuro da democracia no mundo, ver Steven Levitsky e Daniel Ziblatt, *Como as democracias morrem* (2018). Ainda sobre os desafios democráticos no mundo, ver Timothy Snyder, *Sobre a tirania: vinte lições do século XX para o presente* (2017). Destacamos o papel da moral nas RI no estudo de Joseph Nye, *Do Morals Matter?: Presidents and Foreign Policy from FDR to Trump* (2020). Sobre as questões relacionadas à governança energética e à disputa por espaços estratégicos ver Daniel Yergin,

The New Map: Energy, Climate, and the Clash of Nations (2020) e Michael T. Klare, *The Race for What's Left: The Global Scramble For World's Last Resources* (2012).

Sobre os rumos da política ambiental global e os debates sobre Antropoceno, ver Wagner Costa Ribeiro, *A ordem ambiental internacional* (2020), e Bruno Latour, *Cara a cara con el planeta: una nueva mirada sobre el cambio climático alejada de las posiciones apocalípticas* (2017). Sobre os elementos que compõem a arquitetura de governança dos sistemas planetários, ver F. Biermann e Rakhyun E. Kim, *Architectures of Earth System Governance: Institutional Complexity and Structural Transformation* (2020) e N. Kanie e F. Biermann, *Governing Through Goals: Sustainable Development Goals as Governance* (2017).

Sobre uma visão geral acerca da evolução do conceito de desenvolvimento ver Aram Ziai, *Development Discourse and Global History: From Colonialism to the Sustainable Development Goals* (2016). Para uma visão brasileira, ver José Eli da Veiga, *Para entender o desenvolvimento sustentável* (2015). Sugerimos, para uma discussão mais complexa, Kate Raworth, *Economia Donut: uma alternativa ao crescimento a qualquer custo* (2019). Sobre o debate sobre prosperidade e desenvolvimento ver Tim Jackson, *Prosperidade sem crescimento: vida boa em um planeta finito* (2013). Ademais, para os impactos dos avanços tecnológicos no desenvolvimento global, ver Shoshana Zuboff, *A era do capitalismo de vigilância: a luta por um futuro humano na nova fronteira do poder* (2021). Ainda sobre o advento da sociedade da informação e o impacto sobre movimentos sociais, sugerimos Manuel Castells, *Redes de indignação e esperança: movimentos sociais na era da internet*, 2017.

Sobre os temas emergentes da política internacional, destacamos a obra de Han Byung-Chul, *Psychopolitics: neoliberalism and new technologies of power* (2017), em que o autor disserta sobre a manipulação das emoções no quadro de desenvolvimento do capitalismo. Para aprofundar essa ideia de uma política internacional dirigida pelas emoções e pelo sensível, destacamos o livro de William A. Callahan, *Sensible politics: Visualizing International Relations* (2020). E, sobre políticas identitárias, ver Erick Kauffman, *Whiteshift: Populism, Immigration, and the Future of White Majorities* (2019).

Por outro lado, sobre a construção de uma ecologia de saberes nas ciências, ver Boaventura de Souza Santos, *O fim do império cognitivo: a afirmação das epistemologias do Sul* (2019). Nessa perspectiva se encaixa a cosmovisão indígena sobre desenvolvimento e futuro planetário na obra de Ailton Krenak, em *O amanhã não está à venda* (2020). Sobre o repensamento epistemológico do pluriverso, ver Marisol de la Cadena e Mario Blaser (eds.), *A World of Many Worlds* (2018) e Arturo Escobar, *Designs for the Pluriverse: Radical Interdependence – Autonomy and the Making of Worlds* (2018).

Sobre raça e racismo nas RI, sugerimos a leitura dos trabalhos basilares de Albert Memmi, *The Colonizer and the Colonized* (2013) e Frantz Fanon, *Por uma revolução africana: textos políticos* (2021), Silvio Luiz de Almeida, *Capitalismo e crise: o que o racismo tem a ver com isso* (2020). Sugerimos também sobre raça e RI, o livro organizado por Alexander Anievas, Nivi Manchanda e Robbie Shilliam, *Race and Racism in International Relations: Confronting the Global Colour Line* (2015). Especificamente sobre feminismo negro e interseccionalidades, destacamos os escritos de Lélia Gonzalez, *Por um feminismo afro-latino-americano: ensaios, intervenções e diálogos* (2020) e Patricia H. Collins e Sirma Bilge, *Interseccionalidade* (2020).

Por fim, sobre aspectos específicos das teorias internacionais, organizações internacionais e da proteção aos valores humanos, que podem auxiliar na compreensão da política internacional, ver: Isabela Garbin, *Direitos Humanos e Relações Internacionais* (2021); Feliciano de Sá Guimarães, *Teoria das Relações Internacionais* (2021); e Ana Flávia Barros-Platiau e Niels Soendergaard, *Organizações e instituições internacionais* (2021).

Bibliografia

ACHARYA, Amitav (Ed.). *Why Govern?* Rethink Demand and Progress in Global Governance. Cambridge: Cambridge University Press, 2016.
ACHARYA, Amitav; BUZAN, Barry. *The Making of Global International Relations*: Origins and Evolution of IR at Its Centenary. Cambridge: CUP, 2019.
ALMEIDA, Silvio Luiz de. *Capitalismo e crise*: o que o racismo tem a ver com isso. São Paulo: Boitempo, 2020.
ANIEVAS, Alexander; MANCHANDA, Nivi; SHILLIAM, Robbie (Eds.). *Race and Racism in International Relations*: Confronting the Global Colour Line. New York: Routledge, 2015.
BARROS-PLATIAU, Ana Flávia; SOENDERGAARD, Niels. *Organizações e instituições internacionais*. São Paulo: Contexto, 2021.
BERQUÓ, Elza. "Cairo-94 e o confronto Norte-Sul". *Novos Estudos Cebrap*, 37, pp. 7-19, 1993.
BIERMANN, F; KIM, Rakhyun E. *Architectures of Earth System Governance*: Institutional Complexity and Structural Transformation. London: Cambridge University Press, 2020.
BYUNG-CHUL, Han. *Psychopolitics*: Neoliberalism and New Technologies of Power. New York: Verso, 2017.
CALLAHAN, William A. *Sensible Politics*: Visualizing International Relations. New York: Oxford University Press, 2020.
CADENA, Marisol de la; BLASER, Mario (Eds.). *A World of Many Worlds*. Durham/London: Duke University Press, 2018.
CASTELLS, Manuel. *Redes de indignação e esperança*: movimentos sociais na era da internet. 2. ed. Rio de Janeiro: Zahar, 2017.
COLLINS, Patricia H.; BILGE, Sirma. *Interseccionalidade*. 2. ed. São Paulo: Boitempo, 2020.
CORREA, Sônia *Sexuality, Health and Human Rights*. New York: Routledge, 2008.
ESCOBAR, Arturo. *Designs for the Pluriverse*: Radical Interdependence – Autonomy and the Making of Worlds. Durham/London: Duke University Press, 2018.
FANON, Frantz. *Por uma revolução africana*: textos políticos. Rio de Janeiro: Zahar, 2021.
GARCIA, Márcio. *Direitos das Relações Internacionais*. São Paulo: Contexto, 2022.
GARBIN, Isabela. *Direitos Humanos e Relações Internacionais*. São Paulo: Contexto, 2021.
GUIMARÃES, Feliciano de Sá. *Teoria das Relações Internacionais*. São Paulo: Contexto, 2021.
GONZALEZ, Lélia. *Por um feminismo afro-latino-americano*: ensaios, intervenções e diálogos. Rio de Janeiro: Zahar, 2020.
HARARI, Yuval. *21 lições para o século 21*. São Paulo: Companhia das Letras, 2018.
HARDIN, Garrett. "A tragédia dos comuns". *Science*, n. 8, v. 162, edição 3859, pp. 1243-1248, 13 de dezembro de 1965.
HUTCHISON, Emma. "Emotions, Bodies, and the Un/Making of International Relations". *Millennium: Journal of International Studies* v. 47, n. 2, pp. 284, 298, 2019.

INOUE, Cristina. "Worlding the Study of Global Environmental Politics in the Anthropocene: Indigenous Voices from the Amazon". *Global Environmental Politics*, v. 18, n. 4, pp. 25-42, 2018.
INOUE, Cristina; TICKNER, Arlene. *Revista Brasileira de Política Internacional*, v. 59, n. 2, 2016.
JACKSON, Tim. *Prosperidade sem crescimento*: vida boa em um planeta finito. São Paulo: Abril, 2013.
KANIE, N.; BIERMANN, F. *Governing Through Goals:* Sustainable Development Goals as Governance. Cambridge: MIT Press, 2017.
KAUFFMAN, Erick. *Whiteshift*: Populism, Immigration, and the Future of White Majorities. New York: Abrams Press, 2019.
KLARE, Michael T. *The Race for What's Left: The Global Scramble for World's Last Resources*. New York: Metropolitan Books, 2012.
KISSINGER, Henry. *World Order*. New York: Penguin Press, 2014.
KRASNER, Stephen D. "Structural Causes and Regime Consequences: Regimes as Intervening Variables". *International Organization*, v. 36, n. 2, 1982.
KRENAK, Ailton. *O amanhã não está à venda*. São Paulo: Companhia das Letras, 2020.
LATOUR, Bruno. *Cara a cara con el planeta*: una nueva mirada sobre el cambio climático alejada de las posiciones apocalípticas. Buenos Aires: Siglo Veintiuno Editores, 2017.
LEVITSKY, Steven; ZIBLATT, Daniel. *Como as democracias morrem*. Rio de Janeiro: Zahar, 2018.
MARTINS, Richarlls; "Do Cairo a Nairóbi: 25 anos da agenda de população e desenvolvimento no Brasil". *Rev. Bras. Estud. Popul.* 36, 2019.
MBEMBE, A. *Necropolítica*: biopoder, soberania, estado de exceção, política da morte. São Paulo: n-1 Edições, 2018.
MEMMI, Albert. *The Colonizer and the Colonized*. London: Punkett Press, 2013.
_____. *Decolonization and the Decolonized*. Minnesota: University of Minnesota Press, 2006.
NYE, Joseph S. Jr. *Do Morals Matter?: Presidents and Foreign Policy from FDR to Trump*. New York: Oxford University Press, 2020.
OSTROM, Elinor. *Governing the Commons*: the Evolution of Institutions for Collective Action. Cambridge: Cambridge University Press, 1990.
PARDO, Arvid. "Who Will Control the Seabed?". *Foreign Affairs*, v. 47, n. 1, out. 1968.
PIKKETY, Thomas. *O capital no século XXI*. Rio de Janeiro: Intrínseca, 2014.
PINKER, Steven. *O novo Iluminismo: em defesa da razão, da ciência e do humanismo*. São Paulo: Companhia das Letras, 2018.
QUIJANO, Aníbal. *Colonialidad del poder, eurocentrismo y América Latina*. Buenos Aires: CLACSO, 2005.
RAWORTH, Kate. *Economia donut*: uma alternativa ao crescimento a qualquer custo. Rio de Janeiro: Zahar, 2019.
RIBEIRO, Wagner Costa. *A ordem ambiental internacional*. São Paulo: Contexto, 2020.
ROSENAU, James N.; CZEMPIEL, Ernst-Otto. *Governança sem governo*: ordem e transformação na política mundial. Brasília: Ed. UnB e São Paulo: Imprensa Oficial do Estado, 2000.
SANTOS, Boaventura de Souza. *O fim do império cognitivo*: a afirmação das epistemologias do Sul. Belo Horizonte: Autêntica, 2019.
SNYDER, Timothy. *Sobre a tirania: vinte lições do século XX para o presente*. São Paulo: Companhia das Letras, 2017.
VEIGA, José Eli da. *Para entender o desenvolvimento sustentável*. São Paulo: Editora 34, 2015.
VITALIS, Robert. *White World Order, Black Power Politics:* The Birth of American International Relations. New York: Cornell University Press, 2015.
ZIAI, Aram. *Development Discourse and Global History*: From Colonialism to the Sustainable Development Goals. London: Taylor and Francis/Routledge Explorations in Development Studies, 2016.
ZUBOFF, Shoshana. *A era do capitalismo de vigilância*: a luta por um futuro humano na nova fronteira do poder. Rio de Janeiro: Intrínseca, 2021
YERGIN, Daniel. *The New Map: Energy, Climate, and the Clash of Nations*. New York: Penguin Press, 2020.

Agradecimentos

Agradeço ao professor Antônio Carlos Lessa pela confiança em meu trabalho e pelo convite para fazer parte desta empreitada intelectual brilhantemente organizada e coordenada por ele. Agradeço à minha revisora pessoal e minha mãe, Maely Santos Costa Gehre, por sempre atender com muito carinho a meus pedidos e pelo trabalho cuidadoso com que sempre revisou meus textos.

Agradeço ainda às pessoas que se dedicaram a fazer uma leitura atenta de partes desta obra e que contribuíram para que o texto refletisse de uma maneira parcimoniosa e elegante os principais debates atuais da política internacional. Particularmente agradeço às colegas Aline Conti Castro, Ana Paula Antunes Martins, Bárbara Cobo, Fabiana Kent, Joara Marchezini, Carolina Menezes Lima e Mariana Conceição da Silva por dedicarem seus olhares atentos a este trabalho. Igualmente agradeço aos colegas Celso Antônio Coelho Júnior, Richarlls Martins e Rodrigo Ramiro, pela energia depositada nesta empreitada. Agradeço aos alunos e às alunas das disciplinas de Introdução ao Estudo das Relações Internacionais e Política Internacional Contemporânea da UnB, que me inspiraram para produzir este livro ao longo de um período tão desafiador. Agradeço a cada um/a de vocês que enviaram energias positivas para que eu concluísse esta obra.

O autor

Thiago Gehre Galvão é doutor em Relações Internacionais e professor do Instituto de Relações Internacionais da Universidade de Brasília e coordenador do Programa Estratégico UnB2030 (2017-2021). Foi pesquisador-visitante na Lund University, no Human Geography Department (2020).

GRÁFICA PAYM
Tel. [11] 4392-3344
paym@graficapaym.com.br